**명화로 읽는
전염병의 세계사**

| 책으로 떠나는 세계여행 |

명화로 읽는
전염병의 세계사

리언 지음

MUSE

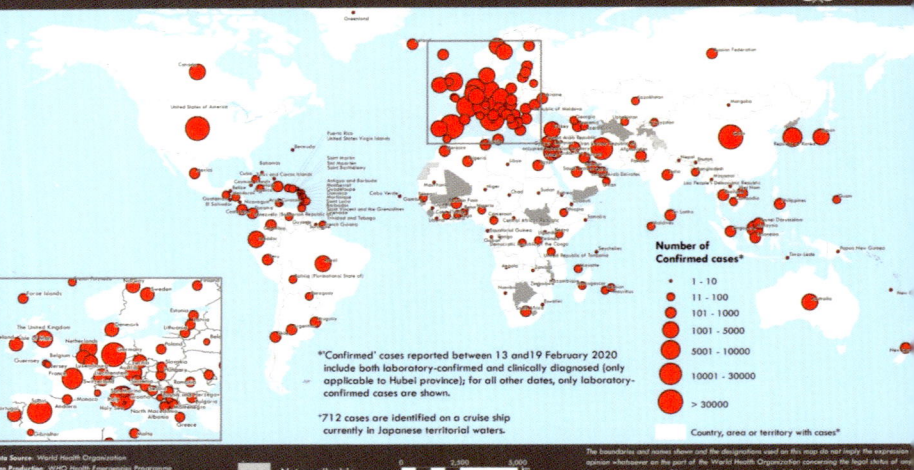

Distribution of COVID-19 cases as of 25 March 2020, 10:00 (CET)

Number of Confirmed cases*

- · 1 - 10
- · 11 - 100
- 101 - 1000
- 1001 - 5000
- 5001 - 10000
- 10001 - 30000
- > 30000

Country, area or territory with cases*

*'Confirmed' cases reported between 13 and19 February 2020 include both laboratory-confirmed and clinically diagnosed (only applicable to Hubei province); for all other dates, only laboratory-confirmed cases are shown.

*712 cases are identified on a cruise ship currently in Japanese territorial waters.

Not applicable

Data Source: World Health Organization
Map Production: WHO Health Emergencies Programme

지금 전 세계는 코로나바이러스로 비상사태이다. 코로나바이러스는 사람에게 감기를 유발하는 바이러스 가운데 하나이다. 전자 현미경으로 관찰하면 바이러스 표면이 돌기처럼 튀어나와 있다. 이 모양이 마치 왕관처럼 생겨서 라틴어로 왕관을 의미하는 '코로나'라는 이름이 붙었다. 겨울 감기의 10~30%가 코로나바이러스 때문에 발생한다.

코로나바이러스는 1930년대 닭에서 처음 발견되었다. 그 이후 개나 돼지 등의 동물에서도 나타났다. 동물에서만 유행하던 바이러스가 유전자 변이를 일으켰고, 1960년대부터 사람도 코로나바이러스에 감염되었다.

2019년 12월, 중국 호북성湖北省 우한武漢에서 집단 폐렴이 발생했다. 처음에는 질병의 원인을 알 수 없었다. 2020년 1월 9일, 세계보건기구WHO는 폐렴의 원인이 새로운 유형의 코로나바이러스라고 밝혔다. 그리고 국제바이러스분류위원회에서는 2003년에 유행했던 사스와 비슷하기 때문에 이를 '사스-코로나바이러스-2SARS-CoV-2'라고 명명했다.

초기에 많은 사람들이 이를 '우한 폐렴'으로 불렀다. 하지만 세계보건기구는 이 전염병을 '코로나바이러스 감염증-19'(이하 코로나 19)로 명명했다. 이미 2015년에 세계보건기구에서 지역이나 사람 이름, 문화 등이 포함된 명칭을 병명으로 사용하지 말 것을 제안했기 때문이다.

코로나 19에 감염되면 2~14일 정도의 잠복기를 거친 후 열이나 기침, 폐렴 등의 증상이 나타난다. 드물게 아무런 증상이 나타나지 않는 환자도 있다.

2020년 1월 20일, 중국 정부는 우한 의료진 15명이 확진 판정을 받았다고 공식적으로 밝혔다. 의료진의 확진 판정으로 사람 간 감염이 가능하다는 사실이 입증되었다. 이후 확진자는 급속하게 증가했다.

2020년 3월 22일을 기준으로 중국 내 코로나 19 확진자 수는 8만 명 이상으로 밝혀졌다. 우리나라도 예외는 아니다. 코로나 19 확진자 수는 8천 8백 명 이상이고, 사망자는 104명에 달한다. 코로나 19는 3월부터 유럽에서 급속하게 확산되고 있다. 이탈리아에서 확진자 수는 5만 3천 명 이상이고, 미국에서도 2만 4천 명 이상의 확진자가 나타났다.

2020년 3월 11일, 세계보건기구는 코로나 19에 대해 '팬데믹'을 선포했다. 이는 세계적으로 전염병이 유행하는 최고 단계를 의미한다. 인류 역사 속에서 팬데믹에 해당하는 전염병으로는 14세기의 흑사병이나 1918년 인플루엔자, 2009년 신종 플루 등을 들 수 있다.

코로나 19는 2~14일 정도의 잠복기를 거친다. 주요 증상은 기침이나 호흡 곤란, 폐렴 등이다. 마치 감기 또는 폐렴과 비슷한 증상을 보이는 사스-코로나바이러스-2가 전 세계적으로 이토록 치명적인 영향을 미치는 이유는 무엇일까? 가장 큰 이유는 전염병을 치료할 수 있는 백신이나 치료제가 아직 개발되지 않았기 때문이다. 따라서 코로나 19 환자로 확진 판정을 받으면, 그때야 주요 증상에 따른 2차 치료가 시행될 수밖에 없다.

코로나 19와 같은 유행성 전염병은 인류 역사에서 여러 차례 발생했다. 코로나 19처럼 원인이 밝혀지지 않은 전염병은 어떻게 발생했을까? 치명적인 유행성 전염병이 발생했을 때 당시 사람들은 어떻게 대처했을까?

　고대부터 사람들은 다양한 네트워크를 형성해왔다. 이는 주로 전쟁이나 교역을 통해 형성되었다. 우리에게도 잘 알려진 실크로드를 비롯해 바닷길이나 15세기 이후 발달한 항해로를 통해 세계의 여러 지역들은 더욱 긴밀하게 연결되었다. 유행성 전염병은 이런 네트워크의 발전과 맥락을 함께 한다. 한 지역에서 다른 지역으로 사람들과 상품, 종교, 사상 등이 이동했다. 그리고 유행성 전염병도 함께 이동했다.

　이 책에서는 인류 역사 속에서 치명적인 영향을 미쳤던 5가지의 유행성 전염병을 살펴본다. 한 지역에서 발생한 유행성 전염병이 다른 지역으로 확산되고, 치명적인 영향을 미치는 과정을 글로벌 네크워트의 확산이라는 관점에서 살펴보고자 했다. 이를 위해 유행성 전염병이 발생했을 당시 역사적 배경과 맥락을 살펴보고, 과거 사람들이 전염병에 대처했던 태도를 다양한 시각과 관점에서 분석했다.

독자들의 이해를 돕기 위해 이 책에서는 그림을 활용했다. 그림을 통해 우리는 유행성 전염병이 발생했던 시대적 분위기를 이해할 수 있다. 그리고 그 속에서 "의학"과 "역사학"이 얽혀 만들어 내는 여러 가지 이야기들을 발견할 수 있다.

역사학자 카E. H Carr에 따르면, "역사는 역사가와 사실 사이의 상호작용의 계속적인 과정이다A history is a continuous process of interaction between the historian and facts." 역사학자는 과거의 사실을 새롭게 해석함으로써 의미와 가치를 부여한다. 과거의 치명적인 전염병을 그림 속에서 얽혀 있는 이야기들을 통해 이해하려는 시도가 21세기에 새롭게 우리를 위협하는 유행성 전염병을 이해하는 데 도움이 되길 바란다.

책 읽는 방법

일반적으로 역사 서적은 시간 순서대로 서술되어 있는 경우가 많다. 이 책의 경우, 전염병의 종류에 따라 세계사 전체를 엮어내고 있기 때문에 시간과 공간의 연속성에 크게 영향을 받지 않아 어떤 부분을 먼저 읽든 별다른 상관이 없다.

다만 책을 읽을 때 역사적 배경을 먼저 읽고, 그 다음에 명화를 본다면 그림이 우리에게 주는 즐거움과 의미가 배가 될 수 있으므로 이 순서대로 읽어보도록 하자.

책의 난이도

기존의 전염병 관련 서적들이 다소 무겁고 깊은 지식들을 전달하는 것과 달리 이 책은 전염병을 통해 얽혀 있는 세계사를 이해하기 쉽게 풀어내고 있다. 세계사에 별다른 지식이나 정보가 없더라도 이야기책을 읽는 정도의 수준에서 큰 어려움 없이 읽을 수 있다. 세계사에 대한 이해를 돕기 위한 또 다른 방법으로 명화를 활용하기도 했다. 다만, 전염병이나 세계사에 대한 보다 깊은 지식과 이해는 좀 더 전문적인 깊이와 수준에서 찾아야 한다.

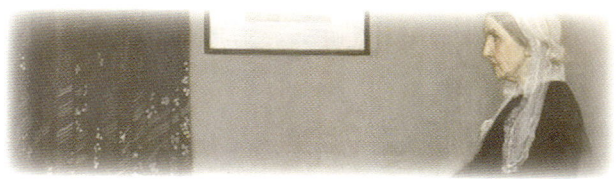

V. ≪의사≫와 『안네의 일기』 · 262

I

《죽음의 승리》와 '10일간의 이야기'

I.
≪죽음의 승리≫와
'10일간의 이야기'

플랑드르는 오늘날 프랑스 북부 지역과 벨기에, 그리고 네덜란드에 걸쳐 있는 지역이다. 이와 같은 지리적 위치 때문에 일찍부터 상업이 발달했다. 이 지역은 유럽 내 경제적 중심지로 부상하면서 부를 축적했다. 그 결과, 미술을 비롯한 예술이 번성했다. 16세기는 자연을 섬세하고 사실적으로 묘사하는 화풍이 유행했다.

당시 대표적인 화가는 피테르 브뤼헐Pieter Bruegel the Elder이었다. 그는 '농민 브뤼헐Peasant Bruegel'이라는 별명이 붙을 정도로 소작농의 일상을 자주 그렸다. 시골의 흥겨운 축제를 묘사했던 대표적인 그의 그림으로는 우리에게도 잘 알려진 ≪농부의 결혼식≫이 있다.

그런데 브뤼헐의 작품 가운데 분위기가 전혀 다른 그림이 있다. 바로 ≪죽음의 승리≫이다. 그가 이 그림의 주제로 선택했던 것은 당시 유럽인들을 공포에 떨게 했던 전염병이었다. 바로

피터르 브뤼헐(Pieter Bruegel the Elder), ≪죽음의 승리≫, 1562년 作. 이 그림
의 배경은 파괴된 마을과 들판이다. 나뭇잎이 다 떨어진 나무와 불이 붙은 헛간은
그럼에서 보여주는 황폐함을 극대화시킨다. 그림의 한편에는 해골이 가득한 수레
와 관 속의 시체를 비롯해 시체가 여기저기 즐비해 있다.

페스트균Yersinia pestis에 의해 발생하는 급성 감염병인 페스트이
다. 의사들에 따르면, 페스트의 매개는 벼룩이다. 쥐가 페스트
균에 감염되면, 쥐에 기생하는 벼룩도 감염된다. 그리고 사람이
이 벼룩에 물리면, 페스트에 걸린다.

　우럽에서 이 전염병에 걸린 사람은 손끝이나 신체의 일부가
검게 변했다. 그래서 많은 사람들은 이를 '흑사병Black death'이라
고 불렀다. 안타깝게도 이 시기에 유럽에서 흑사병을 예방하거

피테르 브뤼헐(Pieter Bruegel the Elder), 《농부의 결혼식》, 1567년 作. 브뤼헐은 이 그림에서 대각선 구도를 활용했다. 그래서 많은 인물이 등장하지만, 번잡한 느낌을 주지 않는다. 그는 밝고 강렬한 색상을 사용해서 유쾌하고 즐거운 분위기를 연출했다. 또한 황금색이나 붉은색, 푸른색 등 다양한 색채들끼리 조화를 이루며 어울린다.

나 효과적으로 치료할 수 있는 방법이 전혀 없었다. 따라서 그들은 손이나 발이 검게 변하는 증상을 죽음의 전조로 여겼다.

　사실 흑사병은 브뤼헐이 《죽음의 승리》를 그렸던 16세기뿐만 아니라 아주 오랫동안 유럽 사회에 심각한 영향을 미쳤다. 이 중 가장 치명적이었던 것은 바로 14세기 초에 유럽 전역을 강타했던 흑사병이었다.

"하느님의 아들이 태어나신 지 1348년이 되던 해, 이탈리아의 여러 도시 가운데 가장 빼어나고 고귀한 도시인 피렌체에 치명적인 흑사병이 돌았다. 천체의 영향이 인간에게 미친 것이라고도 하고, 우리의 삶을 바른 곳으로 인도하시려는 하느님의 정의로운 노여움 때문이라고도 한다. 어쨌든 그 전염병은 몇 해 전 동쪽에서 시작되어 살아 있는 생명들을 셀 수도 없을 만큼 빼앗으면서 서쪽을 향해 처절하게 확산되었다... (중략).

앞서 말 한 해의 초봄에 전염병은 무서운 위력을 드러내기 시작했다. 병은 동양에서와 다른 양상을 보였다. 동양에서는 코피가 나면 죽음을 피하지 못할 징조라고 했다. 하지만 여기서는 병에 걸리면, 남자든 여자든 똑같이 샅이나 겨드랑이에서 종기부터 나기 시작했다. 어떤 것은 달걀처럼 보이기도 했고, 어떤 것은 보통 사과만하기도 했다.

크기도 하고 그렇게 크지 않기도 한 그 종기를 사람들은 가보치올로gavocciolo라고 불렀다. 종기는 앞서 말한 두 부위에서 시작되어 삽시간에 온몸으로 퍼져 나갔다. 그러다가 검은 빛이나 납빛을 띠는 반점들이 전염병의 특성으로 나타나기 시작했다. 팔과 허벅지, 그리고 몸의 다른 구석구석에 찍히는 반점들은 큰 것은 숫자가 적고, 작은 것들은 촘촘하게 나타났다. 처음 보이는 가보치올로가 죽음의 전조였듯이, 일단 이 반점이 나타나면 누구나 죽음을 맞았다."

14세기 이탈리아 작가 죠반니 보카치오Giovanni Boccaccio가 쓴 『데카메론Decameron』의 첫 번째 이야기는 이렇게 시작한다. 이 소설은 사랑과 욕망, 행복 등 현실 사회에서 실제로 발생하는 일을 당시 대중들이 사용하던 이탈리아어로 서술했다. 이러한 점에서 근대소설의 선구자로 불린다.

　　1348년, 피렌체 대성당에 7명의 여성들이 모였다. 이들은 가족이 모두 사망해서 미사에 참석했다. 우울하고 불안한 기분과 슬픔을 토로하던 중, 한 사람이 피렌체를 떠나자고 제안했다. 때마침 나타난 3명의 남성들도 이에 가담했다.

　　이렇게 모인 10명의 사람들은 성금요일과 주일을 제외한 열흘 동안 백 가지의 이야기를 나누었다. 그래서 『데카메론』은 흔히 '10일간의 이야기'로 번역되기도 한다. 날마다 이야기의 주제는 정해져 있었다. 그리고 이야기가 끝나면 노래와 춤으로 마무리되었다.

　　그런데 '10일간의 이야기'는 왜 죽음을 부르는 전염병으로 시작할까? 이를 이해하기 위해서는 당시 유럽의 상황을 알아야 한다. 1347년~1351년까지 유럽에는 흑사병이 유행하고 있었다. 통계에 따라 차이가 있지만, 대략 7천 5백 만 명 정도 사망한 것으로 추정된다. 이는 당시 유럽 인구의 1/3에 해당하는 엄청난 숫자이다. 흑사병은 그야말로 검은 죽음을 몰고 다니는 전염병이었다.

14세기에 유럽 전역을 초토화시켰던 흑사병은 어떻게 발생한 것일까? 왜 이렇게 치명적이었을까? 그리고 최초의 흑사병은 언제 처음 발생했을까? 최초의 흑사병도 이렇게 치명적이었을까? 14세기 유럽을 휩쓸었던 유행성 전염병을 자세히 살펴보기 위해 지금부터 더 먼 과거로 되돌아가 보자.

1. 화산 폭발과 '유스티니아누스 역병'

바다의 여신 테티스Thetis와 펠레우스Peleus의 결혼식이 열렸다. 펠레우스는 그리스 중북부에 위치한 테살리아의 프티아 국왕이다. 많은 신들이 초대를 받았지만, 초대받지 못한 여신이 있었다. 바로 불화의 여신 에리스Eris였다. 신성한 결혼식에 어울리지 않는다고 생각했기 때문이다. 화가 치민 그녀는 연회장에 불화를 일으키려고 '가장 아름다운 여신'을 위한 황금사과를 던져두었다.

황금사과를 차지하기 위한 여신들의 경쟁은 아주 치열했다. 결국 헤라Hera와 아프로디테Aphrodite, 그리고 아테나Athena가 최종 후보로 남게 되었다. 이들은 트로이 왕자 파리스Paris에게 심판을 부탁했다. 헤라는 최고의 권력과 부를 약속했고, 아테나는 위대한 지혜를 약속했다. 하지만 그는 가장 아름다운 여인을 아내로 맞이하게 해주겠다는 아프로디테에게 황금사과를

자끄 루이 다비드(Jacques Louis David), ≪파리스와 헬레네≫, 1788년 作. 프랑스 화가 자끄 루이 다비드는 고전주의 미술의 거장이다. 그는 루이 16세 동생이자 후일 샤를 10세로 즉위한 아르투아 백작의 요청으로 헬레네와 파리스의 사랑을 그렸다. 고대 유물이 그림의 배경으로 등장하고, 두 사람은 서로에게 기대어 있다. 일설에 따르면, 헬레네는 메넬라오스에게 전혀 애정을 가지고 있지 않았다. 그래서 젊고 잘생긴 파리스에게 마음을 빼앗겼을지도 모른다.

명화로 읽는 진인범의 세계사

주었다. 당시 세상에서 가장 아름다운 여인은 스파르타의 왕비 헬레네Helene였다.

하지만 파리스에게 아내를 빼앗긴 메넬라오스Menelaus는 형 아가멤논Agamemnon과 함께 트로이 원정에 나섰다. 올림포스의 신들은 두 편으로 분열되었다. 파리스에게 헬레네를 데려다 준 아프로디테를 비롯해 태양의 신 아폴론Apollon과 사냥의 여신 아르테미스Artemis는 트로이 편이었다. 반면, 황금사과를 빼앗긴 헤라와 아테나, 그리고 바다의 신 포세이돈Poseidon 등은 그리스 편이었다.

전쟁은 무려 10년이나 계속 되었다. 이렇게 오랫동안 전쟁이 지속된 이유는 그리스군의 내분 때문이었다. 당시 그리스군은 지휘관인 아가멤논과 아킬레우스Achilles 사이에서 불화가 발생했다. 가장 용감한 아킬레우스가 전쟁에 참여하지 않자 그리스군은 도무지 승리할 방법이 없었다.

아킬레스가 다시 전쟁에 참전하게 된 계기는 친구의 죽음이었다. 파트로클로스Patroclus가 트로이 장군 헥토르Hector에게 살해된 것이다. 헥토르는 당시 트로이에서 가장 유능한 장군이었다. 친구의 죽음에 분노한 아킬레우스는 복수를 위해 전쟁터로 나왔다.

아킬레우스가 없는 전쟁터에서는 트로이군이 우세했지만, 이제 전세가 역전되었다. 지금까지 아폴론의 보호를 받던 헥토르는 아킬레우스와 맞섰을 때 죽을 수밖에 없는 운명이었다.

그러나 헥토르의 죽음 이후에도 트로이는 계속 저항했다. 이에 그리스군은 거대한 목마를 남기고 철수하는 위장 전술을 선택했다. 그리스군이 남긴 목마를 둘러싸고 트로이군 내에서는 논쟁이 벌어졌다. 누군가는 전리품이니 성 안으로 가져가야 한다고 주장했고, 다른 누군가는 경계할 필요가 있다고 주장했다.

이 때 시논Sinon이라는 그리스인이 다가왔다. 그는 오디세우스Odysseus가 자신을 미워해 남게 되었다고 거짓말하면서 살려달라고 애원했다. 시논은 그리스군의 무사 귀환을 위해 여신에게 바치기 위해 목마를 만들었다고 했다. 또한 목마를 이토록 거대하게 만든 이유는 트로이 성 안으로 가져가는 것을 막기 위한 것이라고도 말했다.

결국 트로이군은 시논의 거짓말을 믿고 목마를 성 안에 들여놓았다. 그리고 승리의 기쁨에 잔뜩 취했다. 하지만 밤이 되자 목마 안에 숨어 있던 그리스군이 성문을 열어 주었고, 결국 트로이성은 함락되었다.

오랫동안 많은 사람들은 트로이 전쟁을 신화로만 생각했다. 그런데 1871년 독일 고고학자 하인리히 슐리만Heinrich Schliemann은 트로이의 유적을 발굴했다. 이후 고고학자들은 오늘날 터키 서쪽에 위치한 다르다넬스 해안 중 6번째 층이 그리스군에 의해 파괴된 도시 유적이라는 사실을 밝혀냈다. 트로이 전쟁이 발

페테르 파울 루벤스(Peter Paul Rubens), 《헥토르를 무찌르는 아킬레우스》,
1630-35년 作. 페테르 파울 루벤스는 17세기 벨기에의 대표적인 화가이다. 그는
고전 문학에 해박해서 이와 관련된 주제를 쉽게 이미지로 만들었다고 전해진다.
그래서 신화를 소재로 그림을 주로 그렸다. 상상력을 통해 신화를 마치 역사적 사
실처럼 보이게 만드는 것이 루벤스 그림의 특징이라 할 수 있다. 《헥토르를 무찌
르는 아킬레우스》는 바로 트로이 전쟁이 배경이다. 헥토르의 목에 창을 겨누고
있는 아킬레우스의 모습은 상당히 역동적이다. 하지만 아킬레우스나 헥토르의 표
정은 그리 쉽게 읽히지 않는다. 친구의 죽음에 대한 분노나 이 순간이 마지막이라
고 생각하는 절망감 등은 그림에서 찾아보기 어렵다. 그래서 루벤스의 그림은 화
려함이나 역동성에 비해 정교함이나 세밀함이 떨어진다고 평가받고 있다.

발했던 시기는 기원전 1200년경으로 추정된다. 당시 흑해에서 교역하던 그리스인과 트로인들이 충돌하면서 전쟁이 일어났던 것으로 보고 있다.

트로이 장군 아이네아스Aeneas는 헥토르 다음으로 용맹스러웠다. 하지만 전쟁에서 패하자 자신을 따르는 무리를 거느리고 피신했다. 그는 아폴론으로부터 "옛 어머니를 찾아 정착하라"는 신탁을 들었다. 그래서 이탈리아 반도에 도착해 새로운 왕국을 세웠다. 그리고 후일 그의 아들 아시카니우스Ascanius는 로마 남동쪽에 위치한 알바 산에 도시를 건설했다. 바로 알바롱가 왕국이다.

알바롱가 왕국를 지배하던 누미토르Numitor는 동생 아물리우스Amulius에게 왕위를 빼앗겼다. 아물리우스는 조카딸 레아 실비아Rhea Sylvia에게 순결을 맹세하도록 했다. 하지만 그녀는 올림포스를 지배하는 12신 중 군신 마르스Mars의 쌍둥이 아들을 낳았다. 아물리우스는 자신의 지위를 위태롭게 하는 쌍둥이를 강물에 버렸다. 마침 늑대가 이를 발견하고 쌍둥이를 키웠다.

쌍둥이는 성인이 되어 알바롱가 왕국으로 되돌아왔다. 그리고 누미토르를 다시 왕위에 복귀시켰다. 이들은 자신들이 떠나려 온 티베리스 강 상류 언덕에 왕국의 수도가 될 도시를 건설했다. 하지만 도시가 건설되자 누가 왕이 될 것인지를 둘러싸고 다투었다. 그리고 결국 쌍둥이 중 한 사람이 죽었다. 바로 로마의 전설 로물루스_{Romulus}와 레무스_{Remus}의 이야기이다.

티베리스 강 근처의 작은 도시 국가로 시작된 로마는 이탈리아 반도를 통일했다. 그리고 지중해 패권을 장악했다. 이후 로마의 영토가 북아프리카와 아시아까지 확대되면서 정치 체제도 변화했다. 과거에는 여러 사람들에게 권력이 분할되었지만, 이제 황제가 모든 권력을 가지게 되었다. 공화정에서 제정으로 변화하면서 로마는 제국이 되었다.

1세기부터 훌륭한 황제들이 등장했다. 네르바_{Marcus Cocceius Nerva}는 자녀가 많은 가정에 토지를 나누어 주었다. 또한 우편 제도 비용을 국가가 부담함으로써 민생을 안정시키고자 했다. 그리고 로마의 곡물 분배 제도와 수도를 정비했다. 네르바의 양자였던 트라야누스_{Marcus Ulpius Trajanus}는 대외적으로는 로마 제국의 영토를 확장시켰고, 대내적으로는 공공시설을 확충하고, 빈민 자녀를 부양하는 정책을 취했다. 하드리아누스_{Pablius Aelius Hadrianus}는 정복한 영토를 방위하는데 많은 관심을 가지고 있었다.

안토니누스 피우스_{Antoninus Pius}는 재정을 안정화시키고, 기독교 박해를 금지시켰다. 그리고 우리에게 『명상록_{Tòn eis heauton diblia}』의 저자로도 잘 알려진 마르쿠스 아우렐리우스_{Marcus Aurelius Antoninus}는 이민족의 침입으로부터 로마 제국을 방어하는데 힘썼다. 흔히 이 5명의 황제들을 '5현제_{五賢帝}'라고 칭한다. 이들이 지배했던 시기에 영토는 널리 확장되지 않았지만, 오랫동안 평화를 누렸기 때문이다. 따라서 역사학자들은 이 시기를 '팍스 로마나Pax Romana', 즉 '로마의 평화'라고 부른다.

하지만 이후 군인들이 황제 자리를 둘러싸고 권력 다툼을 벌였다. 235년부터 284년까지 무려 26명의 군인들이 황제 자리에 올랐다. 평균 재위 기간은 2년이 채 되지 않았고, 가장 재위 기간이 짧은 황제는 15일밖에 되지 않았다. 내전이 빈번하게 발생했고, 기근과 역병도 자주 발생했다. 설상가상으로 외부의 침략도 잦아졌다. 그 결과, 로마 제국은 점차 쇠퇴하기 시작했다.

284년에 황제가 된 가이우스 디오클레티아누스Gaius Aurelius Valerius Diocletianus는 로마제국을 4등분했다. 제국이 너무 넓어서 1명의 황제가 통치하기에 너무 복잡하다는 것이 그 이유였다. 그는 2명의 정식 황제와 2명의 부황제를 두었다. 이후 테오도시우스Theodosius가 로마를 하나의 제국으로 통합하기 위해 기독교를 국교로 삼았다. 하지만 한 번 분열된 로마 제국은 통합되지 못했다. 결국 395년에 로마 제국은 동로마 제국과 서로마 제국으로 나뉘었다.

일부 학자들은 536년을 인류 역사상 '최악의 해'라고 부른다. 그 해 유럽과 아시아의 여러 지역들은 짙은 안개로 뒤덮여 있었다. 동로마제국의 역사학자 프로코피우스Procopius는 "일 년 내내 태양이 달처럼 빛을 잃고 있었다"고 기록했다. 연평균 기온은 1.5~2.5℃에 지나지 않았으며, 기후 변화 때문에 작물들이 제대로 자라지 못했다. 그 결과, 전 지구적으로 재난이 발생했다.

중국에서는 한여름에도 눈이 내리면서 대부분의 농작물이 얼어 죽었다. 아일랜드에서는 빵조차 제대로 먹지 못하는 사람들이 급증했다. 우리나라도 예외는 아니었다. 『삼국사기 三國史記』제 19권 고구려본기 제 7 卷第十九 高句麗本紀 第七에 536년의 기근에 대해 다음과 같이 기록되어 있다.

"六年 春夏 大旱 發使撫恤饑民."

"6년 봄과 여름에 큰 가뭄이 들었다. 사신을 보내어 굶주리는 백성들을 구제하였다."

안원왕 安原王은 고구려 제 23대 왕이다. 고구려는 제 19대 왕인 광개토대왕 廣開土大王 때부터 활발한 정복 전쟁을 통해 세력을 확대했다. 하지만 고구려의 전성기는 안원왕 때부터 점점 쇠퇴하기 시작했다. 넓은 의미에서 본다면, 이는 이 시기에 전 지구적으로 발생했던 기후 변화 및 기근과 밀접한 관련성을 가지고 있다.

많은 학자들은 그린란드와 남극 빙하의 아이스코어 ice core를 분석했다. 그런데 이 시기의 아이스코어는 황산 농도가 상당히 높았다. 이를 통해 당시 대규모 화산 폭발이 발생했고, 화산재를 통해 유황이나 비스무트 등의 물질이 대기 중으로 확산되었다. 이러한 물질들은 공기 중에 막을 형성해 태양 빛을 차단함으로써 지구의 온도를 내려가게 한다.

결국 536년에 발생한 기후 변화와 기근은 아이슬란드에서 발생한 대규모 화산 폭발 때문이었다. 화산재가 북반구를 뒤덮었기 때문에 유럽과 아시아의 여러 지역들은 18개월 이상 낮에도 어둠이 지속되었다. 그리고 추운 날씨가 계속 되면서 농작물이 제대로 자라지 못해 기근이 발생할 수밖에 없었다.

화산 폭발이 야기했던 것은 단지 기근만이 아니다. 이 시기 이집트는 로마 제국의 속주였다. 이집트에서는 주로 밀과 보리 등이 재배되었다. 당시 이집트를 지배했던 로마 행정관들은 생산물의 절반 정도를 로마 제국으로 보냈다. 이렇게 로마 제국으로 보내진 곡물은 주로 빈민들에게 무상으로 지급되었다.

일자리도 변변치 않고, 굶주림에 직면했던 도시 빈민들은 로마 제국의 이러한 정책을 열렬히 환영했다. 로마 시인 데키무스 유베날리스Decimus Iunius Iuvenalis는 당시 사회상을 날카롭게 풍자하는 것으로 유명했다. 그는 권력자로부터 무상으로 주어지는 '빵(음식)'과 '서커스(오락)' 때문에 로마 시민들이 정치적 장님이 되었다고 비판하곤 했다.

포트 사이드는 이집트 동북부에 위치한 항구 도시이다. 이곳에서 약 30km 정도 떨어진 펠루시움은 로마 제국으로 곡물을 수송하는 지역이었다. 펠루시움에서는 곡물 이외에도 당시 이집트에서 생산되는 상아를 비롯한 여러 가지 상품들이 교역되었다. 따라서 많은 사람들이 모여 들었다.

541년에 펠루시움에서 흑사병이 발생했다. 곰쥐를 통해 전염되는 치명적인 유행성 전염병이었다. 이 지역에서 발생한 흑사병은 바닷길을 통해 로마 제국으로 이동했다. 바닷길은 중국 남동 해안에서 동중국해와 인도양, 페르시아만을 거쳐 아라비아 반도까지 연결되는 해상 교통로다. 이 길을 통해 동남아시아의 향신료가 이슬람 세계로 전파되기도 했다.

당시 동로마 제국은 유스티니아누스Justinianus 황제가 지배하고 있었다. 그는 아프리카의 반달 왕국이나 이탈리아의 동고트 왕국을 정복함으로써 과거 로마 제국의 영토를 상당 부분 회복했다. 뿐만 아니라 과거의 로마법을 정리해서 『로마법 대전Corpus Juris Civilis』을 편찬했다. 그리고 분열된 교회를 통합시키기도 했다. 그렇다면 유스티니아누스 대제는 '5현제'만큼이나 위대한 황제임이 분명하다.

하지만 541년에 발생한 흑사병은 동로마 제국에 치명적인 영향을 미쳤다. 사람들은 흑사병의 발생 원인도, 치료법도 몰랐다. 이들은 당시 황제였던 그의 이름을 따서 이 끔찍한 전염병을 '유스티니아누스 역병'이라고 불렀다.

프로코피우스에 따르면, 동로마 제국의 수도인 콘스탄티노플에서 유스티니아누스 역병으로 인한 사망자 수는 하루에 5천 명에서 1만 명에 달했다. 너무 많은 사람들이 사망해서 도저히 전통적인 방식으로 장례를 치를 수 없었다. 시체를 대량으로 매장하거나 길에 방치하는 경우가 빈번했다. 시체를 바다에 버리는 사람들도 있었다. 시체에서 풍기는 악취는 도시 전체를 뒤엎었다.

당시 콘스탄티노플을 비롯해 여러 지역의 흑사병 사망률은 대략 40% 이상이다. 학자들 사이에서는 흑사병의 치명성을 둘러싸고 논란이 있다. 1960년대 후반에 학자들은 유스티아누스 역병 때문에 당시 인구의 20~25%가 감소했다고 주장했다. 반면, 일부 학자들은 흑사병이 주로 도시에서 발생했기 때문에 농촌에서는 전염병의 영향이 치명적이지 않았다고 주장했다.

사실 이 시기의 사망자 통계를 정확하게 파악하는 것은 상당히 어렵다. 유럽에서 인구 통계학의 근거로 활용할 수 있는 자료는 『토지대장 Domesday Book』이다. 이는 9세기에 윌리엄 1세 William I가 조세 징수를 위해 조사 및 작성하도록 한 것이다. 양피지로 만들어진 2권의 책에는 조사 당시 각 주의 영주 이름과 토지 면적, 쟁기 수, 자유농민 및 비非자유농민의 수, 공유지 면적, 토지 가치 등이 상당히 자세히 기록되어 있다.

541년의 기록만으로 유스티니아누스 역병의 정확한 사망자 수를 알기는 어렵다. 하지만 많은 역사학자들은 유스티니아누스 역병으로 인한 사망자 수가 최소 2천 5백 만 명 이상일 것으로 추정하고 있다. 놀라운 사실은 유스티니아누스 황제 자신도 흑사병에 걸렸다가 가까스로 목숨을 건졌다는 것이다.

541년에 발생했던 흑사병은 동로마 제국의 발전에 결정적인 영향을 미쳤다. 여러 기록들에 따르면, 당시 동로마 제국은 계속 인구가 감소하는 추세였다. 흑사병은 이를 더욱 가속화시켰다. 동고트 왕국을 정복하면서 이탈리아 반도를 재통일하려는 동로마 제국의 꿈은 흑사병으로 인해 좌절되고 말았다. 흑사병을 계기로 동로마 제국은 점점 쇠퇴하기 시작했다.

2. 제국의 팽창: 카라반과 황금 군단

흑사병으로 동로마 제국이 점차 쇠퇴하는 동안 다른 지역에서는 새로운 제국이 등장했다. 그리고 이 제국은 동로마 제국과 서유럽을 위협하기 시작했다. 바로 이슬람 제국이다.

610년에 무함마드Muhammad는 신의 계시를 받고 유일신 알라와 종말, 신앙과 선행에 의한 구제 등을 설교했다. 하지만 이러한 설교 내용 때문에 그는 메카 사람들로부터 박해를 받았다. 622년, 그는 메카를 탈출해 메니다에 도착했다. 이슬람교에서는 이를 '헤지라'라고 부르면서 이슬람교의 원년으로 삼고 있다.

메디나에서 무함마드는 새로운 공동체를 형성했다. 이 공동체는 혈연을 중심으로 하는 기존의 부족 공동체와 달랐다. 민족과 혈연을 넘어 알라를 믿는 모든 사람들로 구성된 훨씬 광범위한 공동체였다.

무함마드는 이슬람교를 확산시키기 위해 많은 전투를 벌였다. 그 결과, 많은 아랍인들이 이슬람교로 개종했다. 무함마드의 사후, 메디나의 이슬람 교도들은 아부 바크르_{AbūBakr}를 새로운 지도자로 선정하였다. 이로부터 이슬람 제국이 시작되었다.

이슬람 제국은 서로마 제국의 멸망 이후 지중해 세계를 지배하면서부터 세계사의 주역으로 등장했다. 7세기 초, 이슬람 제국은 시리아와 팔레스타인, 예루살렘을 정복했다. 이어 페르시아를 멸망시키고, 이탈리아 남부와 시칠리아 섬까지 공격했다. 이슬람 제국의 활발한 정복 활동은 동로마 제국의 쇠퇴와도 밀접한 관련성을 가지고 있었다.

당시 동로마 제국은 오랫동안 페르시아와 전쟁을 벌이면서 국력이 상당히 약해졌다. 해군이 우세했던 동로마 제국은 육군이 우세한 이슬람 제국과의 전쟁에서 상당히 불리했다.

더욱이 오랫동안 동로마 제국의 지배를 받아 왔던 이집트와 시리아 주민들이 동로마 제국 대신 이슬람 제국을 지지했다. 이는 종교 정책 때문이었다. 당시 동로마 제국은 예수의 인간성을 강조하는 사람들을 이단으로 규정하고 박해했다. 그래서 이 지역 주민들을 가혹하게 수탈했다. 그래서 시리아와 이집트 주민들은 오히려 종교적 관용을 제시한 이슬람 제국을 환영했다.

642년에 이슬람 제국은 동로마 제국 식민지였던 이집트의 알렉산드리아를 점령했다. 그리고 654년에 이슬람 제국은 마스트 해전에서 동로마 제국의 군대를 대패시켰다. 당시 동로마 제국 군대를 이끌었던 콘스탄스 2세 Constans II 는 부하와 옷을 바꿔 입고 가까스로 목숨을 구했다.

이제 이슬람 제국의 목표는 콘스탄티노플의 함락이었다. 하지만 이는 그리 쉬운 일이 아니었다. 이슬람 제국이 콘스탄티노플을 함락시킨 것은 약 8백 년 후인 1453년이었다. 오스만 투르크 제국의 메메트 2세 Mehmet II 가 인류 역사상 최초로 대포를 사용해 성벽을 부수고 동로마 제국을 멸망시켰다.

이슬람 제국이 전 세계를 연결했던 방식은 단순히 전쟁을 통한 정복만이 아니었다. 당시 이슬람 제국은 동양과 서양을 연결하는 중계무역을 담당하고 있었다. 11세기 경, 베네치아와 밀라노, 피렌체, 그리고 제노바 등은 이슬람 제국을 통해 동양의 값비싼 상품을 구할 수 있는 교역의 중심지였다.

특히 베네치아는 지리적 조건이 농경에 적합하지 않았다. 교역은 도시가 생존하고 발전할 수 있는 유일한 방법이었다. 그래서 베네치아 상인들은 더욱 적극적으로 이슬람 상인들을 통해 동양의 상품을 수입했다. 그리고 이를 비싼 가격으로 유럽의 여러 지역들에 판매했다.

이슬람 상인들은 크게 두 가지 길을 통해 동양의 상품들을 서양으로 운반했다. 한 가지는 바닷길이었고, 다른 한 가지는 육로였다. 당시 이슬람 상인들은 인도양에서 특정 계절에 일정하게 바람이 분다는 사실을 알고 있었다. 이들은 매년 11월부터 3월까지는 북동풍이 불고, 5월부터 9월까지는 남서풍이 분다는 사실을 이용했다.

그래서 곡식을 싣고 이집트에서 인도로 이동했고, 인도의 후추를 이집트로 가지고 왔다. 무엇보다 인도양의 바닷길을 이용하면 인도까지 40일 정도밖에 걸리지 않았기 때문에 시간을 상당히 절약할 수 있었다.

이슬람 상인들이 이용했던 육로는 사막이었다. 사막을 가로지르는데 가장 중요한 것은 최소한의 식량이나 물로 이동하는 것이었다. 따라서 이슬람 상인들은 주로 낙타를 이용했다.

19세기 후반 이후 많은 역사학자들은 아시아의 여러 지역과 콘스탄티노플, 그리고 로마 제국까지 연결된 육상 교역로를 '실크로드Silk Road'라고 불렀다. 실크로드는 독일 지리학자 페르디난트 폰 리히트호펜Ferdinand von Richthofen으로부터 유래되었다. 그는 중앙아시아를 흐르는 시르 강과 아무르 강 사이에 위치한 트란스옥시아나와 인도에 수출되는 중요한 상품이 바로 중국의 비단이었기 때문에 이 교역로를 실크로드라고 불렀다.

흔히 실크로드는 2세기 경 중국 한 무제武帝의 지시에 따라 만

젠틸레 벨레니(Gentile Bellini), ≪메메트 2세의 초상화≫, 1480년 作. 젠틸레 벨레니는 이탈리아 화가이자 초상화가이다. 베네치아공화국의 전속화가이자 술탄 궁정화가로 활동했다. 동방미술로부터 많은 영향을 받았다.

들어진 길로 알려져 있다. 하지만 실크로드는 이 시기에 형성된 교역 네트워크가 아니다. 오래 전부터 중국 주변의 대원_{大宛}과 대하_{大夏}, 안식_{安息} 등 여러 지역들 사이에는 다양한 상품들이 서로 교역되고 있었다.

한 무제는 월지_{月氏}와의 동맹을 추구하는 과정에서 이미 존재하고 있던 교역로를 더욱 확대시킨 것이다. 따라서 실크로드는 단일한 교역 네트워크를 의미하는 것이 아니라, 일부 지역들을 연결했던 기존 네트워크를 더욱 확대시킨 광범위한 교역 네트워크라고 할 수 있다.

실크로드에는 여러 중심 도시들이 존재했다. 당시 사막 지역에는 이슬람 상인들처럼 낙타를 이용해 이동하는 상인들이 많았다. 바로 카라반_{caravan}이다.

실크로드의 여러 도시들에는 이러한 카라반들이 쉴 수 있는 숙소가 있었다. 흔히 '카라반 사라이_{Karvansaray}'라고 불리는 이 숙소는 낙타가 하루 동안 걸을 수 있는 45km마다 설치되어 있다. 여기에는 대상들의 숙소와 낙타가 쉴 수 있는 공간, 목욕탕, 시장 등이 있었다.

카라반은 후추와 같은 향신료를 비롯해 차와 비단, 설탕 등을 가지고 카라반 사라이를 통과했다. 이와 같은 상품의 최종 종착지는 베네치아와 같은 유럽의 교역 도시들이었다. 하지만 카라반과 함께 이동한 것은 이러한 상품뿐만이 아니었다. 당시 전 세계적으로 유행했던 지식과 정보, 사상, 종교도 함께 이동했다. 그리고 인간의 이동과 더불어 치명적인 유행성 전염병도 이동했다.

1300년대까지 이슬람 상인들은 아프리카 북부 지역과 동부 지역에 밀집해 있었다. 흥미로운 사실은 14세기 초 유럽에 치명적인 영향을 미쳤던 흑사병이 발생했을 때 아프리카 북부 지역에서도 흑사병이 발생했다는 것이다. 많은 학자들은 나일 강을 따라 카라반이 남쪽으로 이동하면서 흑사병도 확산된 것으로 추정하고 있다.

우리는 인도양의 바닷길이나 실크로드가 아시아의 상품들이 유럽으로 이동한 네트워크였다는 사실을 알고 있다. 뿐만 아니라 이러한 교역로를 통해 유행성 전염병이 이동해 인류 역사에 치명적인 영향을 미쳤다는 사실을 알 수 있다.

몽골 제국은 인류 역사상 가장 넓은 영토를 영위했던 제국이었다. 1260년에 칸으로 즉위한 쿠빌라이Khubilai는 수도를 카라코쿰에서 베이징으로 옮겼다. 그리고 남송을 정벌해서 중국 역사상 최초로 중국 전체를 지배하는 이민족 국가인 원을 설립했다.

몽골 제국에는 4개의 '울루스'가 존재했다. 울루스는 몽골어로 '국가'를 의미한다. 바로 유라시아 동쪽의 원과 중앙아시아의 차가타이 칸국, 킵차크 초원의 킵차크 칸국, 그리고 서아시아의 일 칸국이었다. 4개의 울루스에서는 독자적인 칸을 추대했고, 명목상으로 정치적 우위에 있는 대칸은 이를 승인했다. 그래서 이들 사이에는 나름대로의 연대성이 존재했다.

이러한 연대성 덕분에 여러 칸국들 사이에서는 정치적, 문화적 그리고 경제적 교류가 활발해질 수 있었다. 역사학자들은 이 시기를 '팍스 몽골리카Pax Mongolica'라고 부른다. 이 시기에 인적 자원과 물자를 교류하는데 중요한 역할을 담당했던 것은 역참 제도였다. 제 2대 칸이었던 오고타이Ogotai는 차가타이 칸국 및 킵차크 칸국과의 연대를 위해 역참제도를 시행했다. 이후 제국이 발달하면서 영토가 넓어지자 제국의 주요 부분을 연결하는 교통 네트워크로 발전하기 시작했다.

쿠빌라이는 원에만 1,400개 이상의 역참을 설치했다. 그리고 이를 관리하는 참호站戶를 70만 호 이상 배정했다. 참호에서는 말이나 선박, 수레 등 교통수단뿐만 아니라 사람들에게 숙소와 음식을 제공했다. 역참을 이용하는 사람은 자신의 신분을 증명하는 '패자牌子'라는 문건을 늘 소지해야만 했다. 긴급한 경우에는 '급체포急遞鋪'라는 제도를 통해 신속하게 업무를 수행할 수 있었다.

원에서 17년 동안 살았던 베네치아 상인이 있다. 그는 여러 지역을 여행했고, 관리로 임용되기도 했다. 이후 자신이 중국과 동방에서 경험한 것을 대필시켜 『동방견문록東方見聞錄』이라는 책을 출간했다. 바로 마르코 폴로Marco Polo이다. 원의 수도 베이징으로 이동할 때 그는 역참제도를 이용했는데, 다음과 같이 서술했다.

"수도 칸 발릭(베이징)으로부터 각 지방으로 많은 도로가 나 있다. 각각의 도로에는 행선지에 따라 그 이름이 붙여져 있다. 이곳에서부터 40km 간격으로 참站이 있다. 참에는 넓고 근사한 여관이 있어 대칸의 사신이 숙박할 때 제공된다.

참 중에는 말이 2백 마리에서 4백 마리가 되는 곳도 있다. 이 말들은 사신들이 자유롭게 이용하도록 했다. 참은 길이 없는 곳에도 만들어졌다. 대칸은 주민들을 그 곳으로 옮겨 농사를 지으며 살도록 해 주변에 촌락이 형성되기도 했다.

이 때문에 대칸의 사신들이 가는 곳 어디나 숙소와 말이 준비돼 있어 여행하는 데 불편함이 없다. 이런 제도가 있기 때문에 열흘 정도의 거리로부터 칸이 급보를 받는 데는 하루밤에 걸리지 않았다."

몽골 제국의 역참제도를 통해 수많은 사람들과 상품들이 이동했다. 칸국 간 외교뿐만 아니라 사상과 학문, 종교가 교류했다. 그리고 치명적인 전염병도 함께 이동했다.

흑사병은 중국 남서부 지역의 운남성雲南省에서 빈번하게 발생하던 풍토병이었다. 역사학자들은 몽골 제국이 운남성을 정복하면서 흑사병도 자연스럽게 몽골 제국으로 이동한 것으로 생각한다. 정복전쟁과 교역 활동을 통해 제국이 확대됨에 따라 전염병 역시 여러 지역들로 확산되기 시작했다.

몽골 제국에서 가장 먼저 흑사병이 발생했던 지역은 황하 강 유역의 하북성河北省이다. 1331년에 이 지역에서 발생한 흑사병 때문에 당시 인구의 90% 이상이 사망했다. 일부 통계에 따르면, 사망자 수는 5백 만 명 이상이었다.

흑사병은 하북성에만 영향을 미쳤던 것이 아니다. 남쪽으로는 광동성廣東省, 북쪽으로는 중앙아시아 지역까지 확산되었다. 특히 중앙아시아는 초원지대였기 때문에 흑사병이 급속하게 확산되기에 유리한 조건이었다. 1200년대 중국의 인구는 1억 2천 만 명으로 추정된다. 그런데 흑사병을 겪고 난 1300년 대 말 인구는 6천 5백 만 명 정도였다. 전체 인구의 절반 이상이 흑사병 때문에 사망했다.

14세기 초 흑사병은 오늘날 페르시아 지역까지 확산되었다. 이 지역으로 흑사병이 확산된 중요한 요인은 당시 몽골 제국의 황금 군단Golden Horde이다. 황금 군단은 13세기에 유럽에 원정을 나갔던 몽골 제국의 군단을 의미한다.

일 칸국의 제 9대 칸인 아부 사이드Abu Sa'id는 오늘날 이란과 이라크가 위치한 메소포타미아를 지배하고 있었다. 몽골 제국의 황금 군단은 이 지역을 공격했다. 전쟁을 통해 몽골 제국에 만연했던 흑사병이 확산되었다.

치명적인 유행성 전염병으로 인해 이 지역의 인구는 30% 이상 감소했고, 교역 체계는 완전히 파괴되었다. 아부 사이드도 흑사병으로 사망했다. 황금 군단은 원정을 통해 몽골 제국의 영향력을 확대시켰지만, 치명적인 전염병을 확산시킴으로써 결국 제국을 몰락시키는 요인이었다.

3. 스트라스부르 학살과 반(反)유대주의

1346년 몽골 제국의 황금 군단은 크림 반도에 위치한 제노바의 한 도시를 포위했다. 1200년대 후반부터 이탈리아인들이 점령한 이후 러시아인 노예를 이집트에 판매하는 노예무역이 번성했던 카파였다.

이 때 몽골 군대에서 갑자기 흑사병이 발생했고, 수많은 사람들이 사망했다. 어떤 기록에 따르면, 매일 5천 명 이상의 사망자가 발생했다. 당시 한 프랑스 신부는 20명 가운데 최소 1명이 사망했다고 기록했다. 그야말로 끔찍한 상황이 아닐 수 없었다.

이 전투에서는 인류 역사상 최초의 생물전biological warfare이 개시되었다. 몽골 군대가 투석기를 이용해 시체를 카파 성 안에 던진 것이다. 목적은 흑사병을 이용해 성 안의 사람들을 모두 죽이기 위한 것이었다.

결국 황금 군단은 카파를 점령했다. 성 안의 사람들은 이들을 피해 배를 타고 가까운 제노바로 도망갔다. 이들과 함께 치명적인 흑사병도 이동했다. 카파 전투를 계기로 유럽 전역에 흑사병이 널리 확산되기 시작했다.

　유럽의 여러 지역에서 흑사병은 끔찍한 결과를 초래했다. 이 중 가장 끔찍했던 것은 1349년에 스트라스부르에서 발생했던 유대인 학살이었다.

　스트라스부르는 원래 신성로마제국의 영토였다. 1201년에 자유도시가 되었다가 1681년에 프랑스에 합병되었다. 1870년에 프로이센과 프랑스 사이에서 발생한 전쟁에서는 독일 영토가 되었다. 제 2차 세계대전 기간 동안에도 독일군의 지배를 받았다. 그래서 이 지역은 독일로부터 많은 영향을 받은 지역이다.

　1349년에 스트라스부르에서는 20세기 이전까지 인류 역사상 최악의 유행성 전염병이었던 흑사병이 만연했다. 당시에 끔찍한 전염병이 발생하는 원인이나 이를 치료할 수 있는 방법은 전혀 없었다. 거리에는 시체가 넘쳐 났고, 이들을 피해 다니는 것조차 힘들 지경이었다.

　수많은 사람들은 공포와 광기에 사로잡혔다. 이들을 진정시키기 위해서는 희생양이 필요했다. 당시 희생양으로 선택된 것은 바로 유대인이었다.

　스트라스부르가 흑사병으로 인한 유대인 학살이 최초로 발생한 지역은 아니었다. 이미 1348년 4월에 프랑스 프로방스의 툴롱에서 유대인 학살이 발생했다. 이 지역에 살고 있던 유대인의 1/4 정도가 약탈을 당했고, 40여명의 유대인이 살해되었다. 이후 유대인 학살은 바르셀로나나 에르푸르트, 바젤 등지로 확산되었다.

이 가운데 가장 규모가 크고 끔찍했던 유대인 학살은 바로 스트라스부르 학살이었다. 이 학살은 1349년 2월 14일, 성 발렌타인 데이Saint Valentine's Day에 발생했다. 당시 흑사병은 아직 스트라스부르에까지 치명적인 영향을 미치지 않았다. 하지만 이날, 스트라스부르에 살고 있던 유대인들은 우물에 독을 탔다는 죄로 고소되었다.

기독교인들은 유대인들을 공동묘지로 데리고 갔다. 사람들이 모인 가운데 즉결재판이 시행되었다. 흑사병의 원인으로 지목받은 유대인들은 살해당하거나 추방되었다. 통계에 따르면, 희생된 유대인의 수는 대략 2천 명에 달했다.

당시 스트라스부르는 유대인들이 세금을 가장 많이 납부하는 지역이었다. 그래서 교회의 입장에서 유대인에 대한 박해와 탄압은 매우 중요한 문제였다. 교회의 심각한 재정 악화를 초래할 수도 있었기 때문이다. 1348년에 교황 클레멘스 6세Clement VI는 다음과 같은 내용의 교서를 발표했다.

"유대인 때문에 전염병이 발생했다는 것은 결코 사실이 아니다. 전 세계의 여러 지역들에서 동일한 전염병이 발생하고 있기 때문이다. 이는 신의 영향이 인간에게 미친 것이며, 유대인뿐만 아니라 그들과 함께 살지 않았던 다른 여러 민족들에도 영향을 미쳤다."

이 교서를 통해 교황은 유대인이 우물에 독을 풀었다는 것은 전혀 근거 없는 거짓말임을 강조했다. 그래서 유대인들에 대한 폭력을 금지시키고자 했다.

유대인을 보호하려는 것은 시 정부 역시 마찬가지였다. 유대인들이 자신들을 보호해주는 대가로 시에 막대한 돈을 지불하고 있었기 때문이다. 시 정부에서는 유대인을 보호하는 것이 곧 시를 보호하는 것이라는 내용의 편지를 써서 사람들에게 보내기도 했다.

시장을 비롯해 일부 사람들은 흑사병을 계기로 유대인들을 절멸시키는 것을 원하지 않았다. 유대인들의 세금과 경제적 협력이 없다면 도시의 경제적 자립과 활동이 불가능했기 때문이다. 특히 스트라스부르처럼 교역이 발달한 도시에서 유대인들의 경제적 역할은 매우 중요했다. 하지만 치명적인 흑사병에 대한 공포는 오랫동안 유럽 사회에 만연했던 반유대주의를 더욱 심화시켰다.

그렇다면 왜 유럽인들은 이토록 유대인들을 미워했을까? 반

에밀 슈바이처(Emil Schweizer), 《스트라스부르의 포그롬》, 1894년 作. 일부 역사학자들은 스트라스부르 학살이 근대 이전에 발생했던 '최악의 포그롬(po-grom)'이었다고 주장한다. 포그롬은 19세기부터 20세기 초까지 러시아에서 경찰에 의해 선동된 조직적 약탈과 학살을 뜻한다. 주된 희생자는 대부분 유대인이었다.

유대주의를 이해하기 위해서는 먼저 유대인의 역사를 살펴볼 필요가 있다.

　유대인들이 나라를 처음 잃은 것은 기원전 597년이었다. 당시 아프로-유라시아에서 가장 강력했던 나라는 바빌로니아 제국이었다. 수메르인과 아카드인으로 구성된 제국으로 메소포타미아에 위치한 국가들 가운데 가장 활발하게 정복활동을 벌였다.

프란체스코 하예즈(Francesco Hayez), ≪예루살렘 신전 파괴≫, 1867년 作. 19세기 이탈리아 화가 프란체스코 하예즈는 성서 속 이야기를 주제로 많은 그림을 그렸다. 그는 웅장하고 화려한 기법 대신 단순하고 명료한 방식으로 그림을 그렸다. 특히 아주 세밀하게 인물을 묘사하고, 감정의 변화를 표현했다. 그의 그림 가운데 대표적인 것은 바빌론 유수 이후 예루살렘이 파괴되고 몰락하는 장면을 그린 ≪예루살렘 신전 파괴≫이다. 우리는 그림을 통해 불안하고 절망스러운 유대인들의 심정에 공감할 수 있다. 많은 학자들은 하예즈의 화풍이 신고전주의에서 낭만주의로 이행하는데 중요한 역할을 담당했다고 주장한다.

바빌로니아의 왕 네부카드네자르Nebuchadnezzar는 유다 왕국을 둘러싸고 이집트와 전쟁을 벌였다. 이 전쟁에서 승리하면서 1만 명 이상의 유대인들을 포로로 데려왔다. 역사학자들은 이 사건을 '바빌론 유수'라고 부른다. 이후 기원전 586년에는 예루살렘이 완전히 파괴되었고, 기원전 582년에는 유다 왕국의 모든 도시들이 파괴되었다.

예레미야Jeremiah는 고대 이스라엘 최후의 예언자였다. 그는 신을 거역하는 유대인들의 죄를 날카롭게 비판했고, 예루살렘의 파괴와 유대인이 겪게 될 고난을 예언했다. 그가 쓴 예언서인《예레미야Jeremiah》52장 30절에 따르면, 바빌로니아로 끌려온 유대인 남성은 대략 4천 5백 명이다. 여성들까지 포함하면 4만 5천 명 정도로 추정된다.

포로로 끌려온 유대인들은 주로 건설 현장의 노예로 동원되었다. 대부분은 하늘과 지상을 연결하기 위해 만들어진 높은 탑인 지구라트를 건설하는 공사였다. 이 시기 동안 유대인들은 고난과 고통을 통해 민족의 단결과 일치를 강조했고, 경전을 정리해『구약성서Old Testament』의 근간을 만들었다. 어려운 시기에 유대교의 토대가 만들어진 셈이다.

유대교의 특징은 율법律法에서 살펴볼 수 있다. 율법은 일종의 '계약 개념'이다. 원래 고대 메소포타미아 지역에서는 율법을 경제적 혹은 사회적 개념으로 사용했는데, 유대교에서는 이를 신

과 인간의 관계를 규정하는데 사용했다. 여기에서 중요한 것이
바로 '선민사상選民思想'이다.

선민사상은 신이 특정한 민족이나 사람들을 구원하기 위해
선택했다는 사상을 의미한다. 이스라엘 민족은 신이 자신들의
조상을 선택해서 백성으로 삼았고, 자손들에게 약속한 땅을 주
어 축복한다고 믿는다. 따라서 자신들을 선택한 야훼 이외에 다
른 신을 섬기지 않는다. 이는 유대인들이 율법을 지키는데 매우
중요했다.

기원전 538년, 페르시아의 키로스 2세Cyrus Ⅱ가 바빌로니아
제국을 정복했다. 이 때 포로로 끌려온 유대인들은 해방되었다.
이들 가운데 일부는 야훼신이 그들에게 약속한 땅인 팔레스타
인으로 돌아와 예루살렘과 성전을 복구했다. 하지만 여전히 많
은 유대인들은 고향으로 돌아오지 못하고 다른 지역으로 이주
했다.

바빌론 유수 이후 팔레스타인 밖에서 흩어져 살면서 유대교
의 규범과 생활 관습을 유지하는 유대인을 '디아스포라'라고 부
른다. '~너머'를 뜻하는 그리스어 '디아'와 '씨를 뿌리다'를 뜻하
는 '스페로'가 합성된 단어이다. 원래는 '이산離散'또는 '파종播種'
을 의미하는데, 좀 더 광범위하게는 본국을 떠나 타지에서 자신
들의 규범과 관습을 유지하며 살아가는 민족 집단이나 거주지
를 뜻한다.

디아스포라가 확산된 것은 우리에게도 잘 알려진 알렉산드로스 대왕Alexandros the Great의 활발한 정복전쟁과 영토 확장 때문이었다. 기원전 4세기 초 알렉산드로스 대왕이 페르시아 제국을 정복하면서 이 지역의 교역과 상업이 발달했다. 적극적인 이민 정책으로 인해 유대인의 이주는 더욱 가속화되었다. 그 결고, 기원전 1세기 경 시리아나 이집트, 그리스, 그리고 이탈리아에도 유대인 공동체가 설립되었다.

이 가운데 규모가 가장 큰 디아스포라는 알렉산드리아였다. 일부 문헌에 따르면, 약 1백 만 명 정도의 유대인들이 거주했으며, 그리스 문화에 상당히 개방적이었다. 이들은 그리스어를 사용하고, 경제적으로나 정치적으로도 안정된 지위에 있었다.

실제로 당시 알렉산드리아는 유대교의 중심지였다. 이 지역의 유대인들은 『구약성서』를 그리스어로 번역했고, 많은 학자와 저술가들이 등장했다. 하지만 많은 유대인들은 여전히 팔레스타인과의 유대감을 중요하게 생각했고, 야훼만을 숭배했다. 이와 같은 경향 속에서 반反유대주의가 발생했다. 유대인들의 민족적 배타성과 경제적 번영 때문에 알렉산드리아를 비롯한 여러 도시에서 유대인을 대상으로 한 외국인 혐오가 확산되기 시작한 것이다.

반反유대주의가 등장한 최초의 기록으로는 『구약성서』의《에스더Esther》서를 들 수 있다. 페르시아의 재상 하만Haman은 유대인 모르드개_{Mordecai}가 자신에게 절하지 않는 것에 분노했다. 그 래서 크세르크세스 1세_{Xerxes 1}로부터 모르드개뿐만 아니라 유 대인 전체를 학살하는 것을 허락받았다.

《에스더》3장 6절에서는 다음과 같이 언급하고 있다.

> "하만이 모르드개만 죽이는 것이 부족하다고 생각하고, 아하수에
> 로의 온 나라에 있는 유다인 곧 모르드개의 민족을 다 멸하고자
> 하더라."

여기에는 당시 나라를 잃고 여러 지역으로 흩어진 유대인에 대한 반_反유대주의가 명백하게 나타나 있다.

38년에 알렉산드리아에서는 최초의 반_反유대인 폭동이 일 어났다. 당시 로마 제국 황제 칼리굴라_{Caligula}는 헤롯 아그리파 _{Herod Agrippa}를 유대인의 왕으로 임명했다. 그는 왕으로서 알렉산 드리아 시민들을 경기장에 모이도록 했다.

하지만 많은 시민들은 그의 명령을 조롱했다. 심지어 유대교 회당인 시나고그에 황제 동상을 대신 세우려는 사람들도 있었 다. 당연히 많은 유대인들은 이를 반대했다. 당시 이집트 통치 자였던 플라쿠스_{Aulus Avilius Flaccus}는 유대인들이 알렉산드리아에 서 살 수 있는 권리를 폐지했고, 이들을 제한된 구역에 감금했

아렌트 드 겔더(Arent de Gelder), ≪에스더와 모르드개≫, 1685년 경 作. 아렌트 드 겔더는 네덜란드의 유명한 화가 렘브란트의 마지막 제자 였다. 그는 주로 성화를 많이 그렸는데, 반(反)유대주의의 시초가 된 에 스더와 모르드개를 주제로 그린 그림도 있다.

다. 그리고 혹독하게 고문하며 살해했다.

이후 유럽의 유대인들은 끊임없이 박해를 받았다. 로마 제국 이 기독교를 국교로 공인한 이후 박해는 더욱 심해졌다. 유대인 과 기독교인의 혼인이 금지되면서 법적·정치적 지위가 제한되었다. 유대인에게는 개종 아니면 추방이라는 두 가지 선택만이 주어졌다.

유대인에 대한 경제적 제약도 증가했다. 이들은 토지를 소유할 수 없었고, 직업을 마음대로 선택할 수 없었다. 따라서 유대인들은 고리대금업에 주로 종사했다. 하지만 이를 통해 축적한 부는 반_反유대주의를 더욱 심화시켰다. 유럽 기독교 사회에서 반_反유대주의는 일상적 풍경이었다.

러시아처럼 그리스 정교를 믿는 지역에서도 반_反유대주의는 심각했다. 1792년 러시아에서는 새로운 법령이 제정되었다. 이 법령에 따르면, 유대인은 아무 곳에서나 거주할 수 없고, 러시아의 서부 지역에만 살도록 되어 있었다. 오로지 특별히 허가를 받은 소수의 유대인들만 동쪽으로 갈 수 있었다.

1881년 3월, 알렉산드르 2세_{Alexander II}가 테러리스트에 의해 암살당했다. 러시아에서는 유대인을 감금하고 폭행하는 사건들이 폭발적으로 증가했다. 수많은 사람들은 유대인의 집에 불을 지르고 재산을 빼앗았다.

"그래도 인생은 아름답다." 러시아 혁명가 레온 트로츠키_{Leon Trotskii}가 암살당하기 직전에 남긴 글로 유명하다. 1930년대 말 국수주의적이고 반공적인 파시즘이 만연하던 이탈리아에서 만난 남녀는 아들과 함께 행복하게 살았다. 하지만 나치가 이탈리아를 점령하면서 아버지와 아들은 유대인 수용소로 끌려갔다. 아버지는 아들에게 이 상황이 게임이라고 거짓말했다.

수용소의 참혹한 현실 속에서도 아들은 아버지의 거짓말을 믿었다. 아버지는 아들을 지키기 위해 최선을 다했다. 드디어 독일이 패망하자 아버지는 아들을 숨겨두었다. 그리고 아내를 구하러 가다가 독일군에게 사살 당했다. 하지만 이 사실을 모르는 아들은 계속 아버지를 기다린다. 우리에게도 너무나 잘 알려진 1999년 개봉작 ≪인생은 아름다워≫이다.

이 영화의 배경은 홀로코스트이다. 홀로코스트는 '전체'를 의미하는 그리스어 '홀로스'와 '태운다'는 것을 의미하는 '카우스토스'가 결합된 단어이다. 그리스 신화에는 동물을 태워 신에게 제물로 바치는 장면이 종종 등장한다. 사람들은 올림푸스 신들을 위해 눈을 가린 동물의 머리를 아래쪽으로 두고 불에 태워 바쳤다.

이와 같은 번제물은 『구약성서』에도 등장한다. 요르단 강 동쪽에 위치한 길르앗에 입다 Jephthah 라는 유대인이 살았다. 그는 암몬군을 무찌를 수 있도록 도와준다면, 집에서 가장 먼저 자신을 맞이하러 나오는 사람을 번제물로 바치겠다고 하느님께 맹세했다. 맹세 덕분에 유대인 군대는 암몬군을 격파했다. 그런데 집으로 돌아온 입다를 맞이한 것은 그의 외동딸이었다. 결국 그는 딸을 번제물로 바칠 수밖에 없었다.

독일 베를린에서 25km 정도 떨어진 곳에 위치한 반제에서는 인류 역사 상 매우 중요한 회의가 열렸다. 1942년 1월 20일, 당시 나치 지도부들이 이곳에 모였다. 이들은 독일에 거주하고 있던 유대인을 여러 수용소로 이송시킨 후 이들을 말살하기로 결정했다. 이 결정은 반제 회의에서 가장 중요한 논의 사항이었다.

제 2차 세계대전이 끝날 때까지 나치에 의해 학살된 유대인은 대략 6백 만 명 이상이다. 역사학자들은 이 사건을 '홀로코스트'라고 부른다. 나치가 홀로코스트를 시행한 이유에 대해서는 아직 명확하게 밝혀지지 않았다. 하지만 많은 학자들은 오랫동안 유럽에 만연했던 반 유대주의가 홀로코스트의 원인 가운데 한 가지라고 생각한다.

당시 독일은 제 1차 세계대전에서 패배했다. 1919년 6월 28일에 체결된 베르사유 조약에 따라 독일은 1320억 금마르크라는 엄청난 전쟁 배상금을 지불해야 하는 비참한 상황에 직면했다.

그런데 1929년 10월 24일 목요일, 뉴욕 월스트리트 증권시장에서 주가가 폭락하기 시작했다. 2주 만에 3백 억 달러 이상의 가치를 가진 주식들이 휴지조각이 되어 버렸다. 이후 10년 동안 미국을 비롯한 전 세계는 심각한 경제 불황에 빠졌고, 대공황이 시작되었다. 당시 대공황으로부터 벗어날 수 있는 국가는 없었다.

특히 독일은 다른 어느 국가보다 대공황의 여파가 더욱 심했다. 전쟁 배상금을 지불하고 국가를 재건하기 위해 독일 정부는 무분별하게 화폐를 발행했다. 하지만 이는 결과적으로 엄청난 인플레이션을 초래했다. 결과적으로 독일은 모든 면에서 상실감에 빠질 수밖에 없었다.

이 때 독일에서 유행한 것이 바로 반(反)유대주의였다. 당시 독일 학자들은 유대인을 비(非)도덕적인 범법자로 간주했다. 그리고 유대인과 독일인을 비교해 독일인의 인종적 우월성을 강조했다.

이와 같은 사회적 분위기 속에서 정권을 잡은 나치는 독일 내 유대인을 모조리 없애버려야 한다고 강조했다. 이들은 '유대인을 처단하자'는 슬로건을 내세웠다. 그리고 유대인 지도자를 체포하고, 유대인 상점과 건물을 방화했다.

1935년 6월, 독일 의학협회에서는 "유대인과 결핵균에 관한 연구"결과를 발표했다. 그리고 유대인을 숨겨 주는 사람들은 결핵에 감염될 위험이 있다고 경고했다. 독일에서는 독일인의 인종학적 우월성을 강조하는 우생학과 같은 유사과학이 널리 유행했다. 이제 유대인은 박멸시켜야 할 열등한 종자로 간주되었다. 수많은 독일인들은 유대인을 제대로 근절시키지 않으면 독일인 사회와 국가를 파괴하는 존재로 취급했다.

그래서 나치는 조부모 중 한 사람이 유대인이면 그 손자까지 유대인으로 규정하는 조항을 만들었다. 이 조항 때문에 본인이 유대인이라는 사실조차 모르는 사람들까지 유대인으로 구별되었다. 이는 유대인을 멸종시키려는 나치 계획의 일부였다.

2015년 7월, 스트라스부르 대학의 의과대학 실험실에서 86명의 유대인 유해가 발견되었다. 이는 나치의 생체실험에 사용되었던 것으로 추정된다.

당시 알자스 지역에는 나츠바일러 슈트루트호프 강제수용소가 있었다. 해부학자 아우구스트 히르트August Hirt는 이곳에서 인체에 독가스 성분을 떨어뜨리는 실험을 했다. 그리고 사망한 실험 대상자를 해부했다.

보다 많은 샘플을 위해 그는 아우슈비츠 비르케나우 강제수용소에서 사망한 유대인의 두개골과 뼈를 요청했다. 그리고 스트라스부르 대학에서 연구했다. 연구 목적은 유대인의 열등성을 과학적으로 입증하는 것이었다. 이러한 끔찍한 행위 때문에 역사학자들은 그를 '역사상 가장 나쁜 의사'라고 부른다.

스트라스부르의 반反유대주의와 홀로코스트의 역사의 기원은 14세기 초 흑사병이 발생했던 시기로까지 거슬러 올라간다. 스트라스부르에서 절정에 달했던 반反유대주의는 이후 다른 지역으로 계속 확산되었다. 1349년 봄, 독일 라인란트 지방에 위치한 마인츠와 프랑크푸르트, 그리고 쾰른의 유대인 공동체도 심각하게 파괴되었다. 3천 명 이상의 유대인들이 게토로 끌려갔고, 처참하게 살해되었다.

흑사병이 만연했던 1350년대 초까지 유럽에서는 200회 이상의 크고 작은 포그롬이 발생했다. 이와 같은 포그롬을 피해 유대인들은 유대인들은 폴란드나 리투아니아 등 더 동쪽 지역으로 이동할 수밖에 없었다. 치명적인 흑사병으로 인해 대규모의 인구 감소와 이동이 발생했다.

4. 카르페 디엠, 현재에 충실하라

프란시스코 고야Francisco Joséde Goya는 스페인의 3대 화가 가운데 한 사람이다. 우리에게는 ≪자식을 잡아먹는 사투르누스≫라는 그림으로 잘 알려진 화가이다. 원래는 카를로스 4세Charles IV의 궁정화가로서 귀족들의 초상화를 많이 그렸다. 섬세하고 화려한 초상화 덕분에 부와 권력을 얻었다. 하지만 난청과 스페인의 정치적 상황 때문에 점차 어두운 분위기의 그림을 그리기 시작했다.

그런데 19세기 초에 그는 특이한 그림을 한 장 그렸다. 바로 ≪채찍질 고행단의 행렬≫이다. 채찍질 고행은 13~14세기에 유럽에서 유행했던 과격한 기독교 운동이다. 1260년에 이탈리아에서 처음 시작된 것으로 알려져 있다.

당시 수도사들은 스스로에게 육체적 고통을 가함으로써 하느님의 분노를 누그러뜨리는 것이 진정한 참회라고 생각했다. 그래서 다양한 고문 도구를 이용해 자신을 채찍질하거나 상처를 냈다. 처음에는 수도사들 사이에서만 행해졌기 때문에 외부 사람들은 이러한 가혹한 행위에 대해 잘 알지 못했다.

13세기에 이탈리아 중부 움브리아 주에 위치한 페루자에서 기근이 발생했다. 당시 사람들은 이와 같은 기근이 하느님의 분노 때문에 발생한 것이라고 생각했다. 그래서 스스로 죄를 회개하고 있다는 것을 증명하기 위해 수도사들이 했던 것처럼 자신들을 채찍질했다. 그리고 이들 가운데 일부는 무리를 지어 채찍질하면서 다른 동네를 돌아다니기 시작했다. 많은 학자들은 이로부터 채찍질 고행이 널리 확산되었다고 생각한다.

채찍질 고행이 유난히 기승을 부렸던 시기는 바로 흑사병이 유럽을 휩쓸었던 때였다. 이러한 행위는 1348년~1349년 사이에 독일에서 가장 절정에 달했다. 가장 많은 사람들이 참여했을 때에는 수 천 명에 달하기도 했다.

당시 많은 사람들은 흑사병의 발생 원인이나 치료법을 알지 못했다. 따라서 치명적인 전염병이 주는 두려움과 절망으로부터 벗어나기 위해 많은 사람들이 채찍질 고행에 참여했다. 이들은 이러한 행위가 하느님의 분노를 누그러뜨려 흑사병이 사라질 것이라고 기대했다.

하지만 치명적인 유행성 전염병은 쉽게 사라지지 않았다. 오히려 채찍질 고행을 통해 자신이 하느님의 말씀을 전하는 메시

아라고 주장하는 사람들이 나타났다. 이들은 개인의 이익을 추구하기 위해 채찍질 고행을 이용했다.

채찍질 고행은 당시 유럽에 만연했던 반유대주의 감정을 더욱 악화시켰다. 뿐만 아니라 무리를 지어 여러 마을을 이동했

프란시스코 고야(Francisco Joséde Goya), ≪자식을 잡아먹는 사투르누스≫, 1819-23년 作.

프란시스코 고야(Francisco Joséde Goya), 《채찍질 고행단의 행렬》, 1812-19년 作. 채찍질 고행단은 고깔모자를 쓰고 십자가나 깃발을 들었다. 사람들이 많이 모인 교회나 시장에서 행진을 멈추고, 그 곳에서 바로 채찍질 의식을 거행했다. 우선, 기근이나 전염병처럼 당시 유럽에 나타난 현상이 하느님의 분노 때문에 발생한 것이라는 내용의 편지를 읽었다. 그리고 채찍질 고행이 필요한 이유에 대해서도 읽었다. 그런 다음 땅에 몸을 내던진 후 스스로를 때리거나 서로 때렸다. 이러한 행위는 관중들에게 종교적 감동과 카타르시스를 주었다. 심지어 어떤 사람들은 상처의 피가 묻은 천 조각을 성스러운 물건으로 취급하기도 했다.

기 때문에 오히려 흑사병을 확산시키기도 했다. 결국 교회와 통치자들은 채찍질 고행을 금지할 수밖에 없었다. 1349년 10월 20일, 교황 클레멘스 6세Clement VI는 공개적인 교서를 통해 채찍질 고행을 비난했다. 이탈리아나 독일, 프랑스, 영국의 통치자들도 채찍질 고행을 탄압하기 시작했다. 채찍질 고행은 1350년

명화로 읽는 전염병의 세계사

이후 점차 사라졌다.

이와 같이 채찍질 유행이 기승을 부렸던 이유는 흑사병을 통제하기 위한 노력이 별다른 효과를 얻지 못했기 때문이다. 그래서 많은 유럽인들은 흑사병을 '신이 내리는 벌'이라고 생각했다.

당시 유럽의 의학 수준은 기원전 5~4세기 경 흔히 '서양 의학의 선구자'라고 불리는 히포크라테스Hippocrates 시대의 것과 크게 다르지 않았다. 관찰을 토대로 진단하고 처방했던 합리주의 의학을 실천하고자 했지만, 당시 해부학이 발달하지 않았기 때문에 잘못된 지식이나 한계가 많았다.

오랫동안 많은 유럽인들은 흑사병을 비롯해 치명적인 유행성 전염병이 오염된 공기 때문에 발생한다고 믿었다. 그리고 오염된 공기는 지진이나 천체의 움직임, 시체의 부패, 독약 때문에 발생한다고 생각했다. 흑사병이 유행했을 때 스트라스부르의 유대인들이 우물에 독약을 탔다는 죄목으로 고소당했던 사실은 이 시대의 의학적 지식과 수준으로는 당연한 것이었을지도 모른다.

오염된 공기 때문에 흑사병이 발생한다고 알려지자 사람들은 전염병을 예방하기 위해 방향 물질을 태웠다. 식초로 식기를 소독했고, 창문을 모두 닫았다. 흑사병에 걸린 사람이나 시체와의 접촉도 최대한 피하고자 했다.

당시 의사들은 새 부리처럼 긴 마스크를 쓰고, 긴 가운을 입었다. 모자를 쓰고 장갑을 낀 채 막대기를 들고 흑사병으로 사망한 시체 사이를 지나다녔다. 이들이 쓴 마스크 안에는 향신료나 식초를 뿌린 헝겊을 넣었다. 나쁜 공기를 막기 위해서였다. 눈 부분에는 유리를 끼우기도 했다. 하지만 이러한 방법은 별다른 효과를 얻지 못했다. 이들이 할 수 있는 유일한 조치는 흑사병에 걸린 환자들과 시체들로부터 최대한 거리를 두는 것뿐이었다.

영어에는 "13 공포증"이라는 단어가 있다. 숫자 13을 두려워하는 것을 의미한다. 13을 피하고 혐오하는 것은 특히 기독교에서 두드러진다. 그 기원은 '최후의 만찬'으로 거슬러 올라간다. 예수를 배신한 이스가리옷 유다Iscariot Judas가 13번째 자리에 앉았기 때문이다.

북유럽에서도 13이라는 숫자를 불길하다고 생각해왔다. 북유럽의 신화에 등장하는 파괴의 신 로우키Loki가 13번째 신이기 때문이다. 심지어 로우키는 미의 신 발드르Baldr를 살해했고, 그 장례식에도 13번째로 참석했다고 전해진다.

또 다른 신화에 따르면, 북유럽 최고신인 오딘Odin이 아들의 생일에 10명의 신을 초청했다. 그런데 초청하지 않은 운명의 신Norn 3명이 불쑥 잔치에 찾아왔다. 오딘은 이들을 환영했지만, 불행히도 식탁에는 12명만 앉을 수 있었다.

앉을 자리가 없어진 운명의 신은 오딘의 아들에게 촛불을 주었다. 그리고 이 촛불이 다 탈 때까지밖에 살 수 없을 것이라고 저주를 내렸다. 다른 두 신은 저주를 풀기 위해 아들을 계속 잠들게 했다. 그리고 사랑하는 사람이 아들을 깨워야 한다고 저주를 완화시켰다. 우리에게도 익숙한『잠자는 숲속의 공주』동화는 바로 이로부터 유래된 이야기이다. 이 신화에서도 13은 불길한 숫자이다.

라틴어로 "Quarantine"은 '40'을 의미한다. 이와 동시에 '검역'이라는 뜻을 가지고 있다. 이 숫자가 검역을 의미하게 된 것은 1300년대 중반 유럽에 치명적인 영향을 미쳤던 흑사병 때문이다.

흑사병을 통제하기 위해 여러 가지 방법들을 시도했지만, 별다른 효과가 없었다. 그러자 여러 지역들에서는 환자들을 격리시키고 검역을 시행했다. 당시 이탈리아의 여러 도시들에서는 40일 동안 선박을 항구 밖에 격리시켰다. 카파에서 제노바로 흑사병이 확산된 것이 바로 선박을 통해서였기 때문이다. 그리고 검역 기간 동안 선박에 탑승한 사람들과 상품들을 허브 향으로 소독했다.

이러한 조치들도 치명적인 흑사병을 통제하는데 별다른 효과가 없었다. 그러자 어차피 죽게 될 운명인데 차라리 현실을 받아들이고, 현재의 즐거움을 누리겠다고 생각하는 사람들이 나타나기 시작했다.

베네치아 출신의 로마 공화정 말기 시인이었던 호라티우스 Flaccus Quintus Horatius 는 다음과 같은 시를 썼다.

Tu ne quaesieris, scire nefas, quem mihi, quem tibi finem
di dederint,
Leuconoe, nec Babylonios temptaris numeros.
Ut melius, quidquid erit, pati.
Seu pluris hiemes seu tribuit Iuppiter ultimam,
quae nunc oppositis debilitat pumicibus mare
Tyrrhenum:
sapias, vina liques et spatio brevi spem longam reseces.
dum loquimur, fugerit invida aetas:
carpe diem, quam minimum credula postero.

알려고 하지 말게. 묻지 말게. 신들이 나에게나 그대에게 무슨 운
명을 주었는지.
레오 고노에여, 바빌로니아 점을 치려고 하지 말게.

아놀드 뵈클린(Arnold Böcklin), ≪페스트≫, 1898作. 뵈클린은
스위스의 상징주의 화가로 죽음에 대한 천착과 풍부한 상상력과 세련된
색채 감각이 어우러져 독특한 화풍을 창조했다. 이 그림은 흑사병을
주제로 한 작품으로 악마처럼 보이는 괴물이 박쥐 날개와 거대한
쥐꼬리를 한 동물을 타고 있는데, 괴물이 좁은 골목을 활보하며 손에
든 낫으로 사람들을 공격하는 모습이다. 뵈클린이 죽기 3년 전에 그린
미완성 작품이다.

더 나은 일은 미래가 어떠하든 우리에게 주어진 운명을 겪어내는
것이라네.
유피테르 신께서 그대에게 주시는 것이 더 많은 겨울이든, 마지막
겨울이든.
지금 이 순간에도 티레니아 바다의 파도는 맞은편 바위를 깎고
있네.
친구여, 현명하게 살게나. 포도주를 그만 익혀 따르고. 짧은 인생,
먼 미래에 대한 기대는 줄이게.
지금 우리가 말하는 동안에도, 질투하는 시간은 우리를 시기하며
흐르고 있다네.
오늘을 붙잡게, 미래에 대한 기대는 최소한으로 하고.

이 시는 신이 나에게 무슨 운명을 주었는지 묻거나 알려 하지
말고, 미래에 대한 믿음은 최소한으로 한 채 현재를 잡으라는
내용이다. 여기에서 사용된 '카르페 디엠'은 14세기 초·중반에
흑사병이 만연했던 유럽에서도 널리 사용되었다.

아침에 눈을 뜨면 수많은 사람들이 원인조차 제대로 알지 못
하는 치명적인 유행성 전염병으로 사망했던 끔찍한 상황이었
다. '카르페 디엠'은 이런 상황 속에서 차라리 나에게 주어진 하
루를 의미 있게 보내자는 뜻으로 살아 있는 사람들이 만나는
사람들에게 했던 말이다. 어찌 보면 흑사병은 유럽인들에게 고
통뿐만 아니라 현재에 충실하려는 삶의 태도도 함께 가져다 준
셈이다.

1. 흑사병

: 페스트균 Yersinia pestis 에 의해 발생하는 급성 열성 감염병

✚ 원인

쥐가 페스트균에 감염되면 쥐에 기생하는 벼룩도 감염된다. 이 벼룩에 물리면 사람에게 전파된다.

✚ 증상

흑사병은 증상에 따라 가래톳 흑사병, 패혈증형 흑사병, 폐렴형 흑사병 등으로 구분할 수 있다. 가래톳 흑사병은 2~6일의 잠복기를 거친 후 오한이나 38도 이상의 발열, 근육통, 두통 등의 증상이 발생한다. 증상이 발생한 지 24시간 이내에 벼룩에게 물린 부분의 림프절에 페스트균이 침입하고, 가래톳이 커지고 통증이 발생한다. 이 통증 때문에 움직이기 어렵고, 주변 피부가 검붉게 부어오른다. 치료를 받으면 2~5일 이내에 증상이 사라지지만, 치료를 제때 받지 못하면 사망하기도 한다. 14세기 유럽을 휩쓸었던 흑사병이 바로 가래톳 흑사병이다.

✚ 검사

흑사병은 진단이 늦어지면 사망률이 높아지므로 조기 진단이 매우 중요하다. 흑사병이 유행한 지역에 다녀온 경우, 이와 비슷한 증상이 나타나면 반드시 의심해야 한다. 혈액이나 림프액, 가래 등을 받아 페스트균 배양검사를 시행함으로써 확정 진단을 한다.

✚ 치료

항생제로 치료하는데, 발병 초기에 치료하는 것이 효과적이다. 흑사병 치료에 사용할 수 있는 항생제로는 이므로 조기에 정확하게 진단하는 것이 중요하다. 페스트의 치료에 사용할 수 있는 항생제는 겐타마이신gentamicin, 스트렙토마이신streptomycin, 독시사이클린doxycycline, 레보플록사신levofloxacin, 클로르암페니콜chloramphenicol 등이 있다.

≪게라르트 데 라이레세의 초상화≫와 『발가락이 닮았다』

렘브란트 반 레인,
≪게라르트 데 라이레세의 초상화≫, 1665-67년 作.
빛의 명암을 대조적으로 사용했던 렘브란트의 다른
그림들과 달리 이 초상화는 상당히 어두운 분위기를
보여주고 있다. 초상화의 주인공인 게라르트 데
라이레세(Gerard de Lairesse)는 매독을 앓고 있었다.

II.
≪게라르트 데 라이레세의
초상화≫와『발가락이 닮았다』

　　　　　미술사학자들은 흔히 17세기를 네
덜란드의 '황금시대'라고 부른다. 이 시기에 네덜란드는 경제
적으로는 당시 유럽 상업의 중심지였던 플랑드르로부터 독립
하여 번영을 누렸다. 정치적으로는 스페인으로부터 독립했다.
그리고 종교적으로는 유럽 전역에서 핍박받던 유대인들이 몰
려들면서 관용을 베풀었다.

　이 시기에 네덜란드 미술을 주도했던 사람은 렘브란트 반 레
인 Rembrandt Harmensz van Rijn이었다. 르네상스 시대 이탈리아 화가
레오나르도 다빈치 Leonardo da Vinci가 거울 글씨로 메모를 남겼다
면, 렘브란트는 자신의 모습을 제대로 포착하기 위해 두 개의
거울을 사용했다. 그는 자화상뿐만 아니라 그림 속 여러 장면
들을 정확하게 전달하게 위해 이 방법을 사용했다.

　거울과 더불어 렘브란트가 사용했던 특이한 기법은 키아로
스쿠로이다. 키아로스쿠로는 빛과 어둠을 극적으로 배합하는

메리시 다 카라바조(Michelangelo Merisi da Caravaggio), ≪성 마태의 부름≫, 1599-1600년 作. 카라바조는 제대로 교육을 받지 못했지만, 빛과 색채를 이해했다. 종교화에서 명암의 대비는 사람들 사이에서 설득력을 얻었고, 종교적 열망과도 결합했다.

렘브란트 반 레인(Rembrandt Harmensz van Rijn), ≪야경≫, 1642년 作. 이 그림이 ≪야경≫이라는 제목을 가지게 된 데에는 이유가 있다. 렘 브란트는 국민병 대장인 프란스 반닝 코크(Frans Banning Cocq)로부 터 작품을 의뢰받았다. 원래는 낮을 배경으로 그린 그림이었는데, 그림 이 걸렸던 부대에는 그을음이 심한 난로가 있었다. 그을음 때문에 그림 은 점점 어두워졌고, 사람들이 낮이 아닌 밤이라고 생각했던 것이다. 그 림 속에서 문을 나선 병사들은 빛을 받아 환하게 빛나고 있다. 반면, 뒤 쪽에서 서 있는 병사들은 어둡게 그려져 있다. 빛과 그림자, 이것이 렘브란 트가 의도했던 명암법이었다.

기법을 의미한다. 17세기 초 이탈리아 화가 미켈란젤로 메리시 다 카라바조Michelangelo Merisi da Caravaggio의 작품에서 처음 사용되 었다.

렘브란트도 이 기법을 적극적으로 활용했다. 자신의 그림에

명화로 읽는 친위병의 세계사

서 밝은 부분은 공간을 적게 할애하고, 주위와 배경으로 어두운 부분을 넓게 배치했다. 그래서 마치 어둠 속에서 조명을 집중적으로 받는 것과 같은 효과를 연출했던 것이다.

그에게 키아로스쿠로 기법은 물감의 농도뿐만 아니라 그야말로 빛의 역할을 대신했던 셈이다. 그의 대표적인 작품인 ≪프란스 반닝 코크 대장과 빌렘 반 로이텐부르그의 민방위대≫, 일명 ≪야경≫으로 잘 알려진 그림에는 키아로스쿠로 기법이 잘 나타나 있다.

그런데 렘브란트가 그린 초상화는 이런 기법과 달랐다. 초상화의 주인공은 후일 렘브란트의 뒤를 이어 네덜란드 미술에서 중요한 역할을 담당했던 화가 게라르트 데 라이레세_{Gerard de Lairesse}이다.

라이레세는 렘브란트로부터 많은 영향을 받았다. 하지만 이후 프랑스 미술로부터 더 많은 영향을 받기 시작했다. 그가 영향을 받았던 사람은 고전주의를 주도했던 니콜라 푸생_{Nicolas Poussin}이었다. 사람들은 라이레세를 "네덜란드의 푸생"이라고 부를 정도였다.

라이레세는 정확한 이론만이 훌륭한 예술을 창조할 수 있다고 믿었다. 따라서 규칙을 엄격하게 따라 그림을 그렸다.

1665년에 렘브란트가 그린 라이레세의 초상화는 매독의 증

게라르트 데 라이레세(Gerard de Lairesse), ≪아폴로와 오로라≫, 1671년 作. 라이레세는 주로 로마 역사 속 이야기를 천정화나 벽화 형태로 많이 그렸다.

상을 잘 보여주고 있다. 당시 라이레세의 나이는 24세였다. 그의 질병을 알고 있었는지 정확히 알 수 없지만, 렘브란트는 넓은 붓을 사용해 어두운 색으로 라이레세의 초상화를 그렸다.

초상화를 본 한 의사는 매독 때문에 라이레세의 얼굴이 돌출되었고, 턱이 짧다고 밝혔다. 또한 상대적으로 턱이 불거져 나

명화로 읽는 전위병의 세계사

왔으며, 눈과 입에도 균열이 발생했다고 주장했다. 또 다른 의사는 라이레세 피부의 얽은 자국이나 납작한 코, 입 주변의 상처들이 매독의 흔적이라고 설명했다. 매독 때문에 라이레세는 49세에 결국 눈이 멀고 말았다.

가난한 월급쟁이인 M은 학생 때부터 상당히 방탕한 생활을 했다. 그 결과, 성병에 걸려 생식 능력을 상실했다. 어느 날, 그는 의사인 나를 찾아와 자신의 생식 능력에 대해 물었다. 이후 나는 그가 몰래 혼인했다는 이야기를 들었다.

혼인한 이후 그는 나를 찾아와 자신의 생식 능력 여부에 대해 검사를 하겠다고 했다. 하지만 그냥 돌아가 버렸다. 그리고 나는 그의 아내가 임신했다는 이야기를 들었다. 어느 날 M은 아이를 안고 나를 찾아왔다. 아들이 자신의 증조부를 꼭 닮았다고 이야기하면서, 아이의 가운데 발가락이 자신과 꼭 닮았다고 이야기했다. 우리에게도 잘 알려진 김동인의 소설『발가락이 닮았다』이다.

소설에 등장하는 주인공 M은 주체할 수 없는 성욕을 이기지 못해 유곽을 자주 찾았다. 그 결과, 매독에 걸리고 말았다. 매독은 스피로헤타_{Spirochete}과에 속하는 세균인 트레포네마 팔리듐균_{Treponema Pallidum}에 의해 발생하는 성병이다. 주로 성관계에 의해 전파된다.

『발가락이 닮았다』는 1932년 1월, ≪동광東光≫ 29호에 발표된 소설이다. 당시 우리나라에서 가장 빈번했던 유행성 전염병은 말라리아였고, 다음으로 만연했던 전염병이 바로 매독이었다. 우리나라에서 매독은 어떻게 발생했고, 널리 확산된 것일까.

1. 매독의 기원과 제중원

우리나라에서 매독이 언제부터 발생했는지 그 시기를 정확하게 추정하는 것은 쉽지 않다. 우리나라뿐만 아니라 전 세계적으로도 매독의 기원을 둘러싸고 크게 두 가지 견해로 나뉜다.

한 가지는 고대부터 유럽에서 매독이 존재했다는 주장이다. 미국 노스이스트 오하이오 연구팀은 이탈리아 지역에서 연구를 수행했다. 연구 대상은 청동기 시대부터 14세기까지 668구의 시체였다. 이들에 따르면, 매독에 걸리면 뼈에 상처가 발생한다. 그런데 약 8백 년 전의 것으로 추정되는 시체에서 이러한 상처가 발견되었다.

또 다른 주장은 매독이 아메리카의 풍토성 성병이라는 것이다. 이탈리아 제노바 출신 탐험가 크리스토퍼 콜럼버스 Christopher Columbus 는 지구가 둥글다는 주장을 믿었다. 하지만 당시 대부분의 사람들은 지구가 평평하다고 생각했다. 그래서 지구 반대편으로 항해를 하면 떨어진다고 믿었다.

지구가 둥글다는 주장은 이미 고대 그리스에서도 존재했다.

"직각삼각형에서 직각을 끼고 있는 두 변의 제곱의 합은 빗변의 길이의 제곱과 같다."이는 그리스 수학자 피타고라스Pythagoras의 정의이다. 그는 지구 구형설을 처음 주장한 학자였다.

그리스 철학자 아리스토텔레스Aristoteles도 지구 구형설을 주장했다. 그는 월식을 관찰했다. 월식은 지구가 태양과 달 사이에 위치할 때 지구의 그림자에 달이 가리는 현상이다. 이를 통해 아리스토텔레스는 지구가 둥글다는 과학적 증거를 제시했다.

≪요한계시록Revelation≫ 7장 1절에는 다음과 같은 구절이 등장한다.

> "이 일 후에 내가 네 천사가 땅 네 모퉁이에 선 것을 보니 땅의 사방의 바람을 붙잡아 바람으로 하여금 땅에나 바다에나 각종 나무에 불지 못하게 하더라."

이 구절을 통해 당시 많은 사람들은 지구가 평평하다고 믿었다. 그리고 중세까지 사람들 사이에서 지구 구형설은 금지되었다.

지구 구형설을 믿었던 콜럼버스는 일직선으로 항해를 하면 원래 출발했던 곳으로 되돌아온다고 생각했다. 그리고 인도까지의 거리를 계산했다. 하지만 그는 지구의 둘레를 6400km가 아닌 4800km로 계산했다.

잘못된 계산 덕분에 콜럼버스는 인도가 아닌 카리브 해에 도착하게 되었다. 많은 사람들은 이 지역을 '서인도 제도'라고 부른다. 자신이 도착한 곳이 인도라고 굳게 믿었던 콜럼버스 때문이다. 따라서 서인도 제도라는 명칭은 잘못된 것이다.

1484년 콜럼버스는 포르투갈 국왕 주앙 2세João II에게 인도로 가는 항해를 지원해 줄 것을 요청했다. 이 때 그는 기사와 제독의 지위를 요청했고, 발견한 새로운 영토에서는 총독 지위를 줄 것을 요청했다. 이와 더불어 새로운 영토에서 얻은 수익의 10%를 요구했다.

하지만 주앙 2세는 콜럼버스의 요청을 받아들이지 않았다. 결국 그는 스페인으로 건너갔다. 당시 새로운 종교 식민지를 원했던 성직자들과 이사벨라Isabella 여왕의 도움으로 그는 가까스로 항해를 할 수 있게 되었다.

1492년 8월 3일에 시작된 콜럼버스의 항해는 총 4차례에 걸쳐 이루어졌다. 자신이 도착한 섬에 '산살바도르'라는 이름을 붙였다. '성스러운 구세주'라는 뜻이다.

카리브 해에 도착한 그는 주변 지역을 탐색하기 시작했다. 가장 중요한 목적은 스페인으로 가져갈 값비싼 상품이나 금과 보석을 발견하는 것이었다. 하지만 카리브 해에서는 이와 같은 상품이나 금이 쉽게 발견되지 않았다. 결국 콜럼버스는 아메리카

디오스코로 톨린(Dioscoro Teofilo de la Puebla Tolin), ≪아메리카 대륙을 최초로 밟은 크리스토퍼 콜럼버스≫, 1862년 作. 19세기까지 역사화는 미술의 중요한 장르였다. 많은 화가들이 역사화 속에서 신화와 역사적 사실의 조화를 추구했다. 스페인 화가 디오스코로 톨린 역시 역사화를 전문으로 그렸다. 특히 그는 그림 속에서 종교적 자부심과 애국심을 강조했는데, 이는 ≪아메리카 대륙을 최초로 밟은 크리스토퍼 콜럼버스≫에서도 잘 나타난다. 스페인 국기를 들고 있는 엄숙한 얼굴의 콜럼버스는 위엄 있는 자세로 종교적·국가적 자부심을 보여주고 있다.

원주민들에게 금광을 채굴하도록 했다. 아메리카 원주민들에게 할당량을 주고, 만약 이들이 할당량을 채우지 못하면 손이나 발을 자르는 잔혹한 행위도 서슴지 않았다.

뿐만 아니라 콜럼버스는 자신의 부를 위해 아메리카 원주민들을 노예로 팔기 시작했다. 그는 남아메리카에 살고 있던 아라와크 부족 1,600명을 노예무역을 통해 판매했다. 콜럼버스가 아메리카에 도착하기 전 약 8백 만 명에 달했던 아라와크 부족은 혹독한 노동과 고문, 그리고 질병 등으로 멸종 상태에 이르렀다. 콜럼버스를 비롯한 유럽인들은 인종적 우월성과 최신 무기, 그리고 종교로 아메리카 원주민들을 착취하고 학살했다.

이후 많은 유럽인들이 부와 권력을 찾아 아메리카로 이동했다. 그리고 이곳에서 매독균을 보유한 아메리카 원주민과 성관계를 가진 후 유럽으로 돌아왔다. 현재 많은 학자들이 콜럼버스의 항해 이후 매독이 아메리카로부터 유럽으로 확산되었다는 가설을 지지하고 있다.

유럽으로 이동한 매독은 아시아까지 확산되었다. 당시 포르투갈은 아프리카 서부 해안 지역을 식민지로 삼고 있었다. 이들은 바닷길을 통해 인도와 교역하고자 했다. 당시 인도는 후추를 비롯한 향신료의 원산지였기 때문이다. 포르투갈인들에게 인도산 향신료를 가져와 부를 축적하는 것은 매우 중요한 국가적 사안이었다.

인도 항해를 맡은 사람은 바스코 다 가마 Vasco da Gama 였다. 그는 1497년 7월 8일, 170명의 선원들과 함께 4척의 배로 리스본을 출발했다. 11월 22일에 다 가마 일행은 아프리카 남쪽의 희망봉을 돌아 아프리카 동쪽으로 항해했다.

그는 이곳에서 이슬람 교도들을 만났다. 그들의 도움으로 인도양을 횡단할 수 있었다. 드디어 1498년 5월 18일에 인도 남서쪽 해안에 위치한 캘리컷에 도착했다.

바스코 다가마는 캘리컷을 통치하고 있던 사마린Zamorin을 만났다. 하지만 이들이 포르투갈에서 가져간 물건들은 상당히 수준 떨어지는 것들뿐이었다. 당시 이슬람 상인들과 교역하고 있던 캘리컷 사람들에게 포르투갈 상품은 매우 조야한 수준이었다. 당연히 교역은 성립되지 않았고, 조약도 체결되지 않았다. 결국 향신료만 조금 얻은 채 포르투갈로 향할 수밖에 없었다.

그런데 캘리컷에 도착한 것은 포르투갈 사람들만이 아니었다. 이들과 함께 치명적인 매독도 함께 도착한 것이다. 1498년 인도에서 매독이 발생했다. 그리고 이 지역과 상업적으로 교류했던 중국인들에게도 확산되기 시작했다. 1501년 광동에서 매독이 발생했다. 그래서 이 질병은 '광동창廣東瘡'이라는 이름으로 불리기 시작했다.

우리나라에서 매독에 대한 기록은 이수광李睟光의 『지봉유설芝峯類說』에서 처음 등장한다. 이수광은 조선중기 학자이자 정치가이다. 실학의 선구자이기도 하다. 『지봉유설』은 광해군 6년인 1614년에 이수광이 편찬한 우리나라 최초의 백과사전적인 저술인데, 모두 20권 10책으로 구성되어 있다.

이 책은 세 차례에 걸친 중국 사신에서 얻은 견문을 토대로 간행된 것이다. 우리나라는 물론, 중국과 일본, 안남安南, 유구流求, 섬라暹羅, 자바, 말라카, 프랑크, 잉글리시 등 유럽의 여러 국가들까지 소개하고 있다. 당시 우리나라의 세계관을 새롭게 하는데 중요한 역할을 담당했을 것이다.

『지봉유설』의 17권인 ≪인사 人事·잡사 雜事≫에서 그는 천포창 天疱瘡이 "서양에서 중국으로 확산되었고, 다시 중국에서 우리나라로 유래되었다"고 서술했다. 시기는 정덕 연간 正德年間, 즉 1505년~1521년 사이로 추정하고 있다. 천포창이란 살갗의 군데군데에 크고 둥근 물집들이 생기는 피부병으로서 주로 매독을 의미한다.

매독에 대한 기록은 『동의보감』에도 잘 나타나 있다. ≪잡병편 雜病篇≫ 권 卷 8을 살펴보자.

"천포창은 일명 양매창 楊梅瘡이라고도 하며, 남녀가 방실에서 거하는 성생활로 인해 전염되며, 모양이 양매와 같은데, 화끈거리고 달아오르며 벌겋게 되어 진물이 흐르고 가렵고 아픈 질병이다."

이와 같은 기록들을 토대로 살펴본다면, 우리나라에서 매독이 발생한 것은 16세기 초로 추정된다. 하지만 매독이 널리 확산된 것은 19세기 말이다. 특히 청일전쟁 淸日戰爭과 밀접한 관련성을 가지고 있다.

청일전쟁은 1894년~1895년에 우리나라 지배를 둘러싸고 청나라와 일본 사이에서 발생한 전쟁이다. 1876년 일본은 우리나라와 '조일수호조규朝日修好條規'를 체결하고, 부산과 인천, 원산을 개항시켰다. 그러자 청나라는 일본의 진출을 견제해야 했다. 그래서 우리나라가 서양의 여러 나라들과 조약을 체결하도록 주선했다.

고종 19년인 1882년 임오군란壬午軍亂이 발발했다. 당시 우리나라 최초의 신식군대를 양성하는 별기군別技軍은 좋은 급료와 대우를 받았다. 하지만 구식군대인 무위영武衛營과 장어영壯禦營 군인은 그렇지 못했다. 무위영은 대궐을 지키던 군영이고, 장어영은 일종의 수도방위부대였다. 결국 이들 사이의 갈등이 폭발했다.

임오군란을 계기로 청나라는 우리나라에 군대를 파병했다. 뿐만 아니라 정치에도 적극적으로 개입하기 시작했다. 하지만 일본도 그냥 보고만 있지 않았다.

1884년에는 갑신정변甲申政變이 발발했다. 급진개화파가 우리나라의 자주독립과 근대화를 위해 일으킨 일종의 반란이다. 당시 우리나라에서는 봉건체제의 악습과 틀을 깨고 근대 자본주의 사회로 나가려는 변화의 목소리가 높았다.

특히 중인 출신의 지식인들 사이에서 당시 우리나라의 사회적경제적 문제점을 깨닫고, 이를 개혁하려는 사상이 급속하게 확산되기 시작했다. 이들은 실학사상을 바탕으로 서구사회의 지식을 활용해 우리나라의 정치를 개혁하고자 했다.

당시 개화파는 우리나라의 개혁이라는 목표는 동일하지만, 실천 방법에서는 차이가 있었다. 한 가지는 부국강병을 위해 청나라와의 관계를 그대로 유지하면서 점차 개혁을 추구하는 입장이었다. 역사학자들은 이들을 온건개화파라고 부른다. 또 다른 한 가지는 청나라와의 관계를 청산하고자 했던 급진개화파이다.

일본은 급진개화파에 접근했다. 그리고 청나라에 반격할 군대와 개혁을 준비하는데 필요한 차관을 제공하기로 약속했다. 1884년 음력 10월 17일(양력 12월 4일), 이들은 우정국鄭政局 피로연에서 정변을 일으켰다. 다만, 평화적인 방법으로 기존 정권을 타도하고 권력을 장악하고자 했다.

이틀 뒤인 10월 19일, 급진개화파는 '14개조 정강'을 선언했다. 여기에는 문벌을 폐지하고 재능에 따라 인재를 등용하는 것이 포함되어 있었다. 또한 토지법을 개혁하고, 빈민을 구제하며, 국가 재정을 충실하게 할 것과 탐관오리貪官汚吏를 처벌할 것도 요구했다.

그렇지만 갑신정변은 '3일천하'로 끝나고 말았다. 중전 민씨가 청나라에 도움을 요청했기 때문이다. 도움을 약속했던 일본은 전세가 불리해지자 급진개화파와의 약속을 저버렸다. 결국 실패로 끝난 개혁이었다.

하지만 갑신정변은 급진개화파를 중심으로 위로부터 시도한 우리나라 '최초의 개혁운동'이었다는 점에서 중요하다. 14개조 정강에서 볼 수 있듯이, 대외적으로는 청나라와의 종속관계를 청산하고자 했고, 대내적으로는 전제주의 정치체제를 바꾸고자 했기 때문이다. 또한 모든 사람이 평등하다는 인민평등권을 토대로 오랫동안 유지되었던 신분제도를 폐지하고자 했다.

갑신정변을 계기로 우리나라에서 일본의 세력이 일시적으로 약화되었다. 이를 만회하기 위해 일본은 '텐진조약'을 체결했다. 이 조약에 따라 양국은 군대를 철수하고, 우리나라에 출병할 때는 서로 통보하기로 약속했다. 하지만 우리나라에 대한 청나라의 간섭은 계속 되었다. 일본 역시 우리나라에 대한 관심을 놓지 않았다.

1894년에 동학농민운동東學農民運動이 발생했다. 동학은 1860년에 최제우崔濟愚에 의해 창시된 사상이다. 평등사상을 바탕으로 봉건질서를 반대하고, 서양 학문과 일본을 배척하는 사상을 주장하면서 널리 확산되었다. 하지만 지배자들은 동학을 사교邪敎로 금지했다.

동학농민운동은 전라북도 고부군수 조병갑趙秉甲의 불법착취와 동학교도 탄압에 대한 불만을 계기로 발생했다. 당시 전라도와 충청도 일대에서 반란을 일으킨 농민들은 시정을 약속한 정부를 믿고 10여일 만에 스스로 해산했다. 그러나 반란 관계자를 오히려 역적으로 몰아 탄압하자 1894년 3월 21일 수천 명의 농민들이 봉기를 일으켰다.

당시 우리나라 정부는 동학농민운동을 탄압하기 위해 청나라에 지원을 요청했다. 텐진조약에 따라 일본 역시 우리나라에 파병했다. 하지만 동학농민운동이 진압된 이후에도 일본은 군대를 철수하지 않았다. 오히려 무력을 동원해 조선과 청나라의 국교를 단절시켰고, 청나라를 공격했다. 일본과 청나라의 전쟁이 우리나라에서 발생하게 된 것이다.

평양을 비롯한 여러 지역의 전투에서 일본은 승리를 거두었다. 일본이 청나라까지 공격할 기세를 보이자 영국과 러시아 등 주변 국가들이 중재에 나섰다. 결국 일본은 미국의 중재를 받아들여 1895년 4월에 '시모노세키조약 下關條約'을 체결했다. 이 전쟁을 통해 일본은 엄청난 배상금과 요동반도, 타이완 등을 할양받았다.

청일전쟁은 오랫동안 동아시아의 중심이었던 중국 중심의 세계관이 무너지고, 일본이 새로운 강대국으로 부상하게 된 계기였다. 이 전쟁으로 우리나라는 청나라의 지배로부터는 벗어났지만, 일본의 침략 대상으로 전락하게 되었다.

일본의 개항은 1853년 '미일화친조약 美日和親條約'에 의해 시작되었다. 매튜 페리 Matthew Calbraith Perry 는 당시 미국 동인도함대 사령관이었다. 그는 대포가 장착된 철제 증기선인 미시시피 호를 타고 일본 가나가와 현 남동부에 위치한 우라가에 도착했다.

요사이 노부카즈(楊斎延一), ≪평양의 승리≫, 1894년 作. 요사이 노부카즈는 우키요에(浮世繪) 화가이다. 우키요에는 일본의 무로마치 시대부터 에도시대 말기(14세기~19세기)에 서민 생활을 바탕으로 제작된 회화 양식이다. 청일전쟁을 계기로 일본은 아시아의 새로운 강대국으로 부상하기 시작했다.

당시 기록에 따르면, 일본인들은 철제 증기선을 '흑선黑船'이라고 불렀다. 검은 연기를 뿜었기 때문이다. 많은 일본인들에게 철제 증기선은 두려움의 대상이었다. 결국 일본은 항구를 개방하고, 미국과 교역할 것을 약속하는 조약을 체결할 수밖에 없었다. 이후 일본은 영국이나 러시아, 네덜란드, 프랑스 등과 통상 조약을 체결했다.

이후 일본은 부국강병富國强兵을 목표로 근대국가의 학제나 군대를 모델로 삼아 개혁을 추진했다. 이를 '메이지 유신明治維新'이라고 부른다. 메이지 유신을 통해 일본은 근대 통일국가의 기반을 마련했다. 경제적으로는 자본주의를 도입했고, 정치적으로는 입헌정치를 실시했다.

무엇보다도 서양의 제국주의 이론과 사상을 수용했다. 일본은 서양의 일부 제국주의 국가들처럼 해외에 식민지를 건설하고자 했다. 이러한 점에서 1894년에 우리나라에 발발했던 청일전쟁은 일본 제국주의 팽창 정책의 대표적인 사례라고 할 수 있다.

1875년 9월, 일본은 부산 앞바다에 운요 호를 보내 무력을 과시했다. 그리고 연안 측량이라는 명분을 내세워 서해안을 따라 항해했다. 결국 운요 호가 강화 해안을 침범하자 강화도의 초지진 포대가 포를 발사했다. 운요 호도 이에 맞서 공격했다. 그리고 우리나라가 아무런 이유 없이 일본 군함을 공격했다고 트집 잡으면서 문호 개방을 강요했다. 결국 1876년 2월 27일, 조일수호조규가 체결되었다.

이 조약을 통해 부산항이 개항되었다. 그리고 일본인 거류지가 형성되었다. 이후 원산과 인천에도 거류지가 만들어졌다. 이후 우리나라에 거주하는 일본인의 수는 증가하기 시작했다.

이들 가운데 매춘에 종사했던 사람들도 있었다. 당시 일본은 공식적으로는 매춘을 금지하고 있었다. 하지만 청일전쟁이 시작된 1894년 7월부터 우리나라 내 매독 환자는 증가하기 시작했다. 당시 청나라와 일본의 전투가 발생했던 천안이나 평양 주변에서는 매춘이 시행되었다.

매춘은 군인뿐만 아니라 민간인들에게도 확산되었다. 그 결과, 매독 역시 급속하게 확산되었다. 당시 통계에 따르면, 거류지에 살고 있는 일본인 여성의 80% 이상이 매독 환자였다.

개화기 의사였던 지석영池錫永은 『황성신문皇城新聞』에 한 편의 글을 발표했다. ≪양매창론楊梅瘡論≫이다. 이는 당시 급속하게 확산되던 매독의 위험성을 대중에게 알리기 위한 것이었다.

> "전염병 중에서도 특히 심한 것이 양매창이다. 양매창은 남녀에게 전염되는데, 성교뿐만 아니라 키스를 통해서도 전염된다... 증세가 심각해지면 치료가 쉽지 않아 종종 코가 떨어져나가 차마 눈뜨고는 볼 수 없는 지경에 이르게 된다. 비단 당사자의 모습을 훼손시킬 뿐만 아니라 자녀에게도 유전하여 대를 끊는 지경에 이르노니, 크게 경계하여야 하는 악질적인 질병 중 하나이다."

1885년 4월, 우리나라 최초의 근대식 병원이 설립되었다. 바로 제중원濟衆院이다. 흔히 미국인 선교사이자 외교관인 호러스 알렌Horace Newton Allen이 건의하여 설립된 것으로 알려져 있다.

하지만 『조선왕조실록』 ≪고종실록≫ 22권, 2월 29일 기록에 따르면 다음과 같은 내용이 등장한다.

> "二十九日。 議政府啓: "惠民、活人兩署, 旣已革罷矣。 其在朝家廣濟之意, 殊涉欠缺。 另設一院, 以 '廣惠' 稱號, 令外署專管, 堂郞差出及一竝事務, 竝令該衙門草記稟處何如?" 允之〃"

"혜민서惠民署와 활인서活人署를 이미 혁파하였는데, 이는 조정에서 널리 구휼하는 본의로 놓고 볼 때 아주 결함이 됩니다. 별도로 원院 하나를 설치하여 광혜원廣惠院이라고 이름 부르고, 외서外署에서 전적으로 관할하게 하는 동시에 당상堂上과 낭청郎廳을 차출하는 것과 일체 사무를 처리하는 것은 모두 해당 아문衙門에서 초기草記하여 품처稟處하게 하는 것이 어떻겠습니까."

이 기록에 따르면, 고종과 조선 정부는 이미 서양의 근대 의학을 적극적으로 수용하고자 했다. 조일수호조규에 따라 문호를 개방한 이후, 국가 차원에서 의료 근대화를 준비하고 있었다.

1881년에 일본에 파견한 시찰단은 일본에서 시행되고 있던 서양 의료 현황을 살펴보았다. 1882년에는 전통의학을 기반으로 한 국립 의료기관을 폐지했다. 바로 혜민서惠民署와 활인서活人署이다. 혜민서는 세조 12년인 1466년에 설립된 의료기관으로서 서민들의 치료와 의약을 주로 담당했던 기관이었다. 활인서는 도성 내 병자를 구하는 업무를 담당했다.

그러던 중 1884년 12월 4일, 우정국 개국 축하 연회가 열렸다. 우정국은 우리나라 최초의 우편 업무 관청이다. 이 연회에서 중전 민씨의 조카 민영익閔泳翊이 자객의 칼에 찔렸다. 이 때 알렌은 그를 완치시켜 서양 의학의 우수함을 입증했다. 그래서 새로운 국립 의료기관을 서양식 의원으로 설립하게 된 것이다.

당시 제중원에는 알렌 이외에도 존 헤론John W. Heron이나 윌리엄 스크랜턴William B. Scranton 등의 의사들이 근무했다. 1886년에 알렌과 헤론은『조선정부병원 제 1차년도 보고서』를 작성했다. 이 보고서는 19세기 말 우리나라의 질병 발생 상황을 구체적으로 보여주는 자료이다.

1885년 4월 10일에 개원한 이후, 1886년 4월 10일까지 1년 동안 진료한 내용을 기록했다. 주로 환자의 질병과 수, 수술 통계, 입원 환자 통계 등이었다. 이 보고서에 따르면, 제중원에서 1년 동안 본 외래 환자의 수는 10,460명이었다.

이 가운데 매독 환자의 수는 1,140명이었다. 전체 외래 환자의 약 11%이다. 이는 말라리아 환자 다음으로 많은 숫자였다. 하지만 합병증으로 제중원을 방문한 환자까지 합친다면, 사실 매독 환자가 가장 많았다. 이는 당시 우리나라에 매독이 얼마나 널리 확산되었는지 단적으로 보여주는 것이라 할 수 있다.

우리나라의 매독 현황은 1901년에 발간된『대한제국병원 연례보고서』에서도 잘 나타났다. 이 보고서는 제중원의 서양인 의사였던 올리버 에비슨Oliver R. Avison이 작성했다. 1900년 10월부터 1901년 6월까지 3,185명을 진료한 기록을 보고한 것이다.

이 보고서는『조선정부병원 제 1차년도 보고서』와 공통점이 있다. 바로 이 보고서에서도 외래 환자 가운데 가장 많은 비중을 차지했던 것이 매독 환자라는 점이다. 이와 더불어 임질 환자에 대한 기록도 나타나 있다. 이를 통해 20세기 초 우리나라에서 매독을 비롯한 치명적인 성병이 만연했음을 알 수 있다.

안타까운 점은 알렌이나 에비슨이 매독을 치료하기 위해 어떤 방법을 사용했는지 분명하지 않다는 사실이다. 우리나라뿐만 아니라 유럽에서도 매독을 치료하는 방법 가운데 한 가지는 수은 치료법이었다. 수은 증기를 이용해 매독균을 죽이는 방법이다. 그런데 이는 상당히 위험한 방법이다. 자칫하면 수은 중독을 유발할 수 있기 때문이다.

실제로 알렌은 수은에 중독된 환자를 목격하기도 했다고 기록했다. 기록에 따르면, 알렌은 매독 환자에 종양이 생긴 경우, 염화수은Hg_2Cl_2을 그 부위에 도포해서 치료하거나 절제술을 시행했다.

우리나라에서 매독은 근대화를 계기로 나타났던 현상이었다. 외국과의 조약을 통해 항구를 개방하고, 거류지가 확대되면서 매춘이 급증했기 때문이다. 흔히 근대화는 정치나 경제, 문화 등에서 구조적 변화가 발생해서 향상된 조건을 만들어가는 과정을 의미한다. 하지만 근대화가 늘 좋은 결과만을 초래했던 것은 아니다. 근대화 시기에 우리나라에서 만연했던 매독이 이를 잘 보여주고 있다.

2. '쁘띠 프랑스'와 샤를 8세

우리나라 경기도 가평군 청평면에는 이색적인 문화마을이 있다. 골동품을 판매하는 벼룩시장이 서기도 하고, 오르골 멜로디가 흐르며, 마리오네트 공연이 펼쳐지기도 한다. 마치 유럽의 한가운데 서 있는 듯한 기분이 드는 이곳은 바로 '쁘띠 프랑스 Petite France'이다.

프랑스어로 '쁘띠'는 '작은'이라는 뜻을 가지고 있다. 낭만적이고 예술적인 프랑스 문화를 우리나라에서도 체험할 수 있도록 설립된 작은 프랑스 마을이 '쁘띠 프랑스'로 발전했다. 여러 드라마와 예능 프로그램에도 등장해서 우리에게 낯설지 않은 곳이다.

실제로 프랑스에도 '쁘띠 프랑스'가 존재한다. 바로 치명적인 흑사병이 유럽을 휩쓸었을 때 비극적인 유대인 학살이 발생했던 스트라스부르이다.

사실 스트라스부르는 프랑스 역사에서 여러 가지 의미를 가지고 있는 도시이다. 기록에 따르면, 기원전 3세기 경 켈트 족이 이 지역에 정착했다. 56년 율리우스 카이사르 Gaius Julius Caesar는 이 지역에 요새를 세웠다. 그리고 로마 제국 황제 아우구스투스의 양자 네로 클라우디우스 드루수스 Nero Claudius Drusus는 이 지역을 '아르겐토라툼 Argentoratum'이라고 불렀다.

로마 시대에 아르겐토라툼은 군 병영지였다. 90년부터 로마 군의 가장 오래된 아우구스투스 8군단Legio VIII Augusta 중 하나가 이곳에 영구적으로 정박했다. 하지만 455년 훈족의 침략으로 도시가 처절하게 파괴되었다. 이후 복구되면서 큰 도로들이 건설되어 '큰 도로'라는 뜻을 지닌 '스트라테부르굼'으로 불렸다. 그러다가 스트라스부르로 명칭을 바꾼 것이다.

유럽 역사에서 스트라스부르가 주목을 받기 시작한 것은 842년이다. 2월 14일에 '스트라스부르 서약Oaths of Strasbourg'이 체결되었기 때문이다. 게르만족 가운데 한 부족인 프랑크족은 프랑크 왕국을 세웠다. 피레네 산맥에서 엘베 강에 이르는 서유럽의 대부분을 포함한 대제국이었다.

이 왕국은 서유럽에서 최초로 기독교를 믿는 게르만 국가였다. 당시 이탈리아 롬바르디아 지역에 위치했던 랑고바르드 왕국이 로마 교황청을 위협하고 있었다. 이 때 교황 스테파노 2세Stefano II를 도와준 것은 프랑크 왕국의 피핀Pepin이었다. 751년에 쿠데타를 일으켰을 때 교황의 승인을 받았기 때문이다. 그는 군대를 보내 랑고바르드 왕국을 물리쳤다. 이 일을 계기로 프랑크 왕국과 로마 교황청의 유대는 더욱 돈독해졌다.

피핀은 새로운 왕조인 카롤링거Carolinger 왕조를 수립했다. 그리고 활발한 영토 정복 전쟁을 벌였다. 결국 800년에 로마 교황 레오 3세Leo III는 그의 아들인 샤를마뉴 대제Charlemagne를 로마 제국 황제로 삼았다. 이를 계기로 로마 교황청은 동로마 제국과 인연을 완전히 끊었다. 독자적인 서유럽 세계가 시작된 것이다.

스트라스부르 서약은 바로 샤를마뉴 대제의 두 손자인 샤를 2세Charles II와 루트비히 2세Ludwig II 사이에 체결된 군사 동맹 문서이다. 샤를마뉴 대제의 큰 손자인 로타르 1세Lothair I는 혼자 프랑크 왕국을 통치하고자 했다. 이에 동생인 샤를 2세와 루트비히 2세는 스트라스부르 조약을 체결하고, 형에 대해 반란을 일으켰다.

전쟁 결과, 로타르 1세는 패배했다. 이들은 43년에 프랑크 왕국을 세 부분으로 분할하는 '베르됭 조약Treaty of Verdun'을 체결했다. 이 조약에 따라 로타르 1세는 중프랑크와 이탈리아 북부 지역을, 루트비히 1세는 동프랑크를, 그리고 샤를 2세는 서프랑크를 통치하게 되었다.

스트라스부르 서약이 역사적으로 의미를 가지는 이유는 프랑스어로 쓰였기 때문이다.

"Pro Deo amur et pro christian poblo et nostro commun salvament, d'ist di in avant, in quant Deus savir et podir me dunat, si salvarai eo cist meon fradre Karlo et in aiudha et in cadhuna cosa, si cum om per dreit son fradra

빌헬름 폰 카울바하(Wilhelm von Kaulbach), ≪샤를마뉴의 대관식≫, 1861년 作. 독일 낭만주의 화가 빌헬름 폰 카울바하는 뮌헨 아카데미의 원장이었다. 그는 삽화나 벽화를 주로 그렸고, 대형 역사화도 그렸다. 역사적 상상력이 풍부하지는 않았지만, 장엄한 분위기와 색채로 자신의 단점을 보완했다. ≪샤를마뉴의 대관식≫은 이러한 특징을 잘 보여주는 그림이다. 그는 엄숙한 분위기 속에서 프랑크 왕국의 샤를마뉴 대제가 로마 제국의 황제로 임명되는 장면을 그렸다.

salvar dift, in o quid il mi altresi fazet, et ab Ludher nul
plaid nunquam prindrai, qui meon vol cist meon fradre
Karle in damno sit."

"신의 사랑과 기독교 민중과 우리의 공통된 구원을 위해, 오늘부
로, 신이 나에게 지혜와 권능을 주시는 대로, 나의 형제 샤를을 나
의 원조를 비롯한 모든 면에서 구할 것인 바, 이는 자신의 형제를
구함이 형평성에 의해 마땅함이요, 다만 샤를도 나에게 동일하게
해줄지니, 로타르와는 나의 형제 샤를에게 해가 갈만한 어떤 소
송도 벌이지 않으리라."

당시 모든 문서들은 라틴어로 쓰였다. 이러한 점에서 스트라
스부르 서약은 최초의 프랑스어 문헌이라 할 수 있다. 그래서
언어학자들은 이 서약을 통해 라틴어에서 프랑스어나 독일어
가 분화한 과정이나 변화된 내용을 추론하고 있다. 따라서 스
트라스부르 서약은 프랑스 역사나 문학에서 상당히 중요한 의
미를 지니는 문서이다.

11세기 초 독일을 지배했던 필립Philip of Swabia은 스트라스부르
를 제국의 자유도시로 인정했다. 부유한 가문의 경제력 덕분에
도시는 상업을 토대로 발전했다. 이후 도시는 과거 성직자가 가
졌던 사법권이나 행정권을 가지게 되었다. 자본가의 세력이 커
지면서 이들과 교회 사이에 점차 갈등이 발생했다.

당시 유럽의 일부 도시들은 봉건 영주의 지배를 받았다. 하지만 도시민들이 단결해서 자치권을 얻었다. 이탈리아의 경우, 베네치아는 이미 11세기에 자치권을 얻었다. 이후 밀라노가 자치권을 얻었다. 이런 도시들은 독자적인 사법 및 행정 체계를 갖추었다.

이와 같은 배경 속에서 스트라스부르의 시민들 역시 주교의 지배로부터 벗어나고자 했다. 그리고 이는 전쟁으로 이어졌다. 1262년에 발발한 하우스베르겐 전투에서 승리하면서 스트라스부르에서 시민과 자본가의 권한은 더욱 막강해졌다.

이 지역은 라인 강과 일 강이 흐르고 있었기 때문에 도시 간 교통의 요충지였다. 활발한 상업을 기반으로 정치권과 사법권, 그리고 화폐 주조권까지 가지게 되면서 스트라스부르의 경제는 더욱 급속하게 발전했다.

15세기 초 스트라스부르는 유럽 사상의 중심지이기도 했다. 바로 금속 활자 덕분이었다. 수렵채집 시대 이후 인간은 오랫동안 지식과 정보를 축적했다. 그리고 이를 효과적으로 전달하고자 했다. 이를 위해 발명된 것이 문자이다.

최초의 문자는 기원전 3천 년 경 수메르 지역에서 만들어진 그림 문자로 추정된다. 처음에는 가축이나 농작물의 수를 표현하기 위해 사용되었다. 그러다가 점차 복잡한 것들을 상징하는 문자들이 발달했다. 당시 갈대 끝을 뾰족하게 만든 철필로 쓴 것은 쐐기 모양과 비슷해서 쐐기 문자라고 부른다.

이집트나 중국에서도 상형 문자가 발명되었다. 문자의 발명 이후 인간의 지식과 정보 축적은 더욱 가속화되었다. 방대한 양의 지식과 정보를 더욱 효율적으로 전달하고 남기기 위해 책을 만들기 시작했다.

최초의 책은 이집트의 무덤에서 발견된 파피루스 두루마리이다. 발견 당시에는 이집트 상형 문자를 해독하지 못해 어떤 내용인지 알 수 없었다. 그런데 19세기 초 프랑스 이집트 학자 장 프랑수아 샹폴리옹Jean François Champollion이 이 문자를 해독했다. 그 결과, 미라와 함께 매장한 사후세계의 안내서인 『사자의 서 Book of the Dead』라는 것이 밝혀졌다.

파피루스는 지중해 연안 및 나일 강 근처의 습지에서 자라는 식물이다. 짙은 녹색의 줄기에는 마디가 없다. 고대 이집트에서는 바로 이 줄기의 껍질을 벗겨 속을 가늘게 찢었다. 그런 다음 엮어서 말렸다. 그리고 매끄럽게 해서 파피루스를 만들었다.

중국에서는 종이를 만들었다. 『후한서後漢書』 ≪채륜전蔡倫傳≫에는 다음과 같은 기록이 등장한다.

"自古書契多編以竹簡, 其用縑帛者謂之爲紙. 縑貴而簡重, 並不便於人. 倫乃造意, 用樹膚、麻頭及敝布、魚網以爲紙. 元興元年奏上之, 帝善其能, 自是莫不從用焉, 故天下咸稱「蔡侯紙.」

"옛날부터 책冊은 대부분 죽간竹簡으로 엮였고, 겸백縑帛을 사용한 것을 종이紙라고 하였다. 겸백은 비싸고 죽간은 무겁기 때문에 모두 편리하지 않았다. 따라서 채륜은 종이를 만들기로 결심하고 나무껍질, 밧줄, 헝겊, 그물 등을 이용하여 종이를 만들어 흥원興元 원년(105년)에 황제에게 바쳤다. 황제는 채륜의 재능을 칭찬하고 그때부터 모두 사용하였다. 그래서 세상 사람들은 종이를 '채후지蔡侯紙'라 불렀다."

이 기록 때문에 많은 사람들은 채륜이 종이를 만들었다고 생각한다. 하지만 기원전 2세기 경 이미 마麻로 만든 종이를 사용했던 고고학적 증거가 발견되었다. 따라서 채륜은 종이를 발명한 사람이라기보다는 마에 여러 가지 성분을 섞어 종이를 개량한 사람이다. 이후 중국의 제지술은 계속 발전했고, 이와 더불어 목판 인쇄술도 등장했다.

세계에서 가장 오래된 목판 인쇄물은 우리나라에 존재한다. 국보 제 126호인 『무구정광대다라니경無垢淨光大陀羅尼經』이 바로 그것이다. 1966년 석가탑에서 발견되었다. 정확한 연대는 알 수 없지만, 불국사가 창건된 751년 이전으로 추정하고 있다.

'다라니'는 '주문'을 뜻한다. 당시 사람들은 이 주문에 신비한 힘이 있다고 믿었다. 그래서 이 경을 필사해 탑 안에 넣어두면 질병이나 재앙을 피해갈 수 있다고 생각했던 것 같다. 탑 안에 넣어야 하기 때문에 폭은 6.6cm밖에 되지 않는다. 하지만 길이는 무려 6m에 달한다.

『무구정광대다라니경』에는 당나라에서만 사용되었던 한자가 사용되었다. 이를 근거로 중국은 자신들이 제작해 신라에 준 것이라 주장하고 있다. 이러한 분쟁 때문에 아직 유네스코에 등재되지 못하고 있다는 점이 안타까울 따름이다.

세계에서 가장 오래된 금속활자 역시 우리나라에서 만들어졌다. 이 금속활자를 이용해 인쇄한 책이 바로 『백운화상초록불조직지심체요절白雲和尚抄錄佛祖直指心體要節』, 즉 『직지』이다. 고려 말 백운白雲이 여러 경전과 법문에 실린 내용 가운데 좋은 구절만 뽑아 편집한 불교 서적이다. 원래 『상권』과 『하권』, 두 권으로 구성되어 있었는데, 현재는 『하권』만 남은 상태이다.

1997년에 『타임Time』과 『라이프Life』는 지난 1천 년 간 인류 역사에서 가장 중요한 영향을 미친 발명품을 선발했다. 여기에는 독일 발명가 요하네스 구텐베르크Johannes Gutenberg가 발명한 금속 활자가 포함되어 있었다. 우리나라의 금속활자는 이보다 무려 78년이나 앞선 것이다.

구텐베르크가 금속활자를 발명한 곳이 바로 스트라스부르였다. 원래 마인츠가 고향이었던 그는 1428년에 스트라스부르로 이주했다. 귀족과 평민 사이에서 발생한 항쟁 때문이었다. 그리고 약 10년 동안 그 곳에 살면서 인류 역사상 가장 위대한 발명품 가운데 한 가지인 금속활자를 발명했다.

구텐베르크의 금속 활자는 책의 대량 공급과 지식의 급속한 확산에 크게 기여했다. 15세기 초, 성경 필사본 한 권의 가격은 약 60굴덴이었다. 유럽에서 종이 대신 사용하던 양피지 가격과 성경을 필사하는 노력에 대한 대가였다. 하지만 이는 당시 작은 농장과 맞먹는 가격이었다.

그래서 이 시기 유럽의 도시에서 새로운 지식이 확산되는 속도는 상당히 더뎠다. 하지만 구텐베르크의 금속 활자가 등장한 이후 상황은 크게 변했다. 혁명적인 인쇄 방식으로 책이 출판되면서 지식의 전달 속도는 과거와는 비교할 수 없을 정도로 빨라졌다. 책을 통해 전달되는 정보의 양 역시 엄청나게 증가했다.

60굴덴의 성경책 가격은 5굴덴으로 하락했다. 과거 어느 시기보다 많은 지식과 사상이 넘쳐흘렀다. 그리고 스트라스부르는 유럽의 새롭고 혁신적인 사상의 중심지로 부상하게 되었다.

하지만 이 시기에 스트라스부르에 만연했던 것은 새로운 사상뿐만이 아니었다. 당시 이 지역에 만연했던 유행성 전염병은 매독이었다. 그리고 이 질병 때문에 수많은 사람들이 고통을 겪고 있었다.

그리스 신화에는 시필루스_{Sipylus}라는 젊은 양치기 청년이 등장한다. 그는 태양의 신 아폴론의 제단을 없애고, 그 곳을 자신이 섬기는 양치기 신의 제단으로 삼았다. 이러한 행위는 아폴론의 극심한 노여움을 샀다.

결국 그는 신의 저주와 벌을 받아 상당히 심각한 병에 걸리게 되었다. 바로 매독이다. 이후 사람들은 그의 이름을 따서 이 병을 '시필리스Syphilis', 즉 매독이라 부르기 시작했다.

매독에 걸리면 초기에는 통증이나 가려움이 없기 때문에 모른 채 지나치기 쉽다. 하지만 감염된 부분이 빨갛게 변하면서 궤양이 되고, 림프절이 부어오른다. 전신에 걸쳐 발진이 나타나고, 두통이나 체중 감소, 근육통 등의 증상이 동반되기도 한다. 탈모와 식욕 부진을 호소하는 사람들도 있다.

시기가 더 지나면 얼굴이나 손발에 응어리가 생기고, 굳은 종양이 생긴다. 그리고 그 표면 피부가 암적색이 되면서 궤양으로 변화한다. 점차 보기 흉한 모습으로 변하는 것이다. 하지만 15세기 초 대부분의 의사들은 매독을 다른 질병과 구분할 수 있는 의학적 지식이 없었다.

역사학자들은 유럽에서 치명적인 매독이 확산된 계기로 이탈리아 전쟁을 꼽는다. 15세기에 이탈리아는 베네치아와 밀라노, 피렌체, 나폴리, 그리고 교황령 로마의 5개 국가로 분할되어 있었다. 당시 베네치아와 밀라노 사이에서는 북부 이탈리아의 패권을 둘러싼 전쟁이 발생했다. 바로 롬바르디아 전쟁이다. 이 전쟁 이후 5개의 국가는 상호간에 공격하지 않겠다는 서약을 처결했고, 약 40년 정도 이탈리아 반도에는 평화가 찾아왔다.

그러나 밀라노의 루도비코 스포르차Ludovico Maria Sforza 공작은 베네치아의 동맹에 저항했다. 그리고 프랑스의 샤를 8세_{Charles} _{VIII}를 전쟁에 끌어들였다. 1494년 나폴리의 페르디난도 1세 _{Ferdinand I}가 사망했다. 이에 샤를 8세는 나폴리 왕위에 대한 앙 주_{Angevin} 가문의 승계권을 요구하면서 이탈리아를 침공했다.

샤를 8세는 6만 5천 명의 군대를 이끌고 알프스 산맥을 넘어 왔다. 그리고 피렌체와 로마, 나폴리를 점령했다. 이와 같은 침 공은 북부 이탈리아의 반발을 불러일으켜 프랑스에 대항하기 위한 베네치아 동맹이 결성되었다. 이 동맹에는 스페인과 신성 로마제국도 포함되어 있었다. 동맹군이 이탈리아 북부 지역을 점령하자 샤를 8세의 군대는 어쩔 수 없이 프랑스로 물러날 수 밖에 없었다.

당시 샤를 8세의 군대는 프랑스인으로만 구성되어 있지 않았 다. 대신 유럽의 여러 지역에서 온 용병들로 구성되어 있었다.

일반적으로 용병은 "더 많은 돈을 받고 개인적 이익을 위해 자국이나 타국의 무장 세력 간 전쟁에 참여하는 사람"을 의미 한다. 사실, 용병의 역사는 고대부터 존재한다. 그리스에서는 러시아와 중앙아시아 출신의 기병이나 크레타 섬의 궁병을 활 용했다. 페르시아는 그리스나 식민도시 보병을 용병으로 활용 했다. 해상 교역으로 유명했던 카르타고는 켈트족이나 이베리 아 반도의 원주민들을 용병으로 고용했다. 로마 제국 역시 갈 리아나 게르만족을 기병으로 고용했다.

13세기부터 유럽에서 가장 용맹했던 용병은 스위스 용병이었다. 스위스 국토의 대부분은 알프스 산맥과 같은 산지였다. 농경이나 산업에 적합하지 않았기 때문에 많은 사람들이 용병을 통해 생계를 유지했다. 특히 인접한 프랑스나 독일은 늘 전쟁 상태였기 때문에 스위스 용병을 고용하는 것은 흔한 일이었다. 샤를 8세의 군대 역시 스위스 용병을 비롯해 헝가리나 폴란드, 영국, 독일 등지에서 온 용병들로 구성되어 있었다.

이탈리아 전쟁 당시 피렌체나 나폴리와 같은 도시 국가들은 이슬람 상인들과의 교역을 통해 엄청난 부를 축적했다. 하지만 군사적으로 상당히 허약했다.

군대 주변에서는 많은 여성들이 매춘을 행했다. 심지어 적군과 여성을 교환하는 일도 빈번했다. 결국 매독은 프랑스 군대뿐만 아니라 동맹군 사이에서도 확산되기 시작했다. 그리고 전쟁이 끝나고 프랑스로 돌아온 용병들이 자신의 나라로 돌아가면서 매독은 더욱 널리 확산되었다. 샤를 8세 역시 매독으로 사망했다.

이탈리아 전쟁을 계기로 매독은 프랑스뿐만 아니라 유럽 전역으로 확산되었다. 스트라스부르도 예외는 아니었다. 당시 스트라스부르에서는 일 강으로 둘러싸인 작은 섬에 매독 환자들을 격리시키기 위한 병원을 지었다. 이들이 어떤 치료를 받았는지 정확하게 알 수 없다. 하지만 당시 프랑스 사회에 치명

주세페 베주올리(Giuseppe Vezzoli), ≪샤를 8세의 플로렌스 입성≫, 1827-29년 作. 샤를 8세의 군대는 약탈을 일삼았고, 방탕한 행동을 서슴지 않았다.

적인 영향을 미쳤던 매독이 더 이상 확산되지 않도록 환자들을 격리시켰다는 점은 놀랍다.

인접한 독일에서는 난잡한 성생활을 하는 프랑스인들 때문에 매독이 발생했다고 생각했다. 그래서 매독 환자들이 격리된 곳을 '쁘띠 프랑스'라고 조롱했다. 중세시대의 가옥과 거리가 그대로 남아 있어 마치 프랑스의 축소판처럼 느껴지는 이곳은 치명적인 유행성 전염병과 그 역사를 함께 하고 있다.

3. '이반 뇌제'와 광기의 역사

오늘날 러시아 영토에는 원래 여러 민족들이 살고 있었다. 8세기 경 슬라브족이 볼가 강과 드네프르 강 일대에 정착했다. 고고학적 증거들에 따르면, 슬라브족의 조상은 아시아에서 이동해서 3세기까지 카르파티아 산맥 근처에 살았다. 카르파티아 산맥은 오늘날 폴란드, 슬로바키아, 루마니아에 걸쳐 있는 산맥이다. 이후 6세기 경 유럽을 동쪽으로 가로지르는 도나우 강에 도착했고, 8세기에는 유럽 남동부인 발칸으로까지 확산되었다.

862년에 노브고로드에 국가가 설립되었다. 이 지역은 러시아 노크고로트 주와 레닌그라드 주를 흐르는 볼호프 강기슭에 위치했다. 국가를 세운 사람은 루스족의 우두머리 류리크_{Ryurik}였다. 그가 창시한 류리크 왕조는 러시아 최초의 국가였다.

이 시기의 역사와 관련된 자료는 거의 없다. 따라서 역사적 사실과 전설, 그리고 신화가 얽혀 있다. 그나마 믿을 만한 자료는 『원초연대기』를 들 수 있다. 『원초연대기』는 850년경~1110년경에 걸친 역사를 다루고 있다. 당시 연대기는 주로 수도승들에 의해 익명으로 집필되었다.

『원초연대기』에는 류리크가 왕조를 설립한 이유를 다음과 같이 서술하고 있다. "슬라브족은 루시인들에게 이렇게 이야기했다. "우리 땅은 광활하고 먹을 것이 많지만, 질서가 없다. 와서 우리를 통치하고 질서를 잡아 달라." 이를 위해 세 형제가 선발되었고, 이들은 루시인들을 데리고 이주했다. 첫째인 류리크는 노브고로드에 정착했고, 둘째인 시네우스Sineus는 벨로오제에 정착했다. 그리고 셋째인 트루보르Truvor는 이즈보르스크에 정착했다. 이들 루시인 때문에 보르고로드 지역은 '루시인의 땅'이라고 불렸다."

류리크의 친척인 올레그Oleg는 882년에 키예프를 점령했다. 그가 속임수를 써서 키예프를 점령한 이야기는 상당히 유명하다. 키예프 근처에 군대를 숨기고 그는 이곳에서 거래하는 상인들을 매수했다. 그리고 이들을 당시 키예프를 지배하고 있던 아스콜리드Askolid와 디르Dir에게 사신으로 보냈다.

이들은 아스콜리드와 디르에게 다른 상인들이 몸이 아파서 오지 못했다고 거짓말했다. 그러면서 자신들이 머무는 배로 함께 갈 것을 권유했다. 평소에도 거래하던 상인들이었기 때문에 별다른 의심을 하지 않은 채 아스콜리드와 디르는 상인들이 있는 곳으로 갔다. 이 때 숨어 있던 올레그의 군대가 그들을 포위했고, 이들을 살해했다. 이렇게 올레그는 키예프를 차지했다.

키예프 점령은 러시아 역사에서 중요한 사건이었다. 정치와 경제의 중심지가 노브고로드에서 키예프로 이동했기 때문이다. 올레그는 키예프를 "러시아 도시들의 어머니"라고 불렀다. 발트 해에서 흑해까지 연결되는 교역에 있어 키예프는 다른 어느 도시들보다도 중요했다.

이는 지리적 이점 때문이었다. 드네프르 강 근처에 위치한 키예프는 숲과 초원이 서로 연결되어 있었다. 그 결과, 교통과 상업의 중심지로 부상했다. 특히 발트 해에서 출항해서 흑해로 진출하기 전에 모든 배들이 집결하는 장소였다.

따라서 키예프를 지배하는 지도자는 주변 민족을 상업적, 그리고 군사적으로 통제할 수 있었다. 올레그는 활발한 정복 활동을 벌였다. 주변의 폴랴닌 족뿐만 아니라 드네프르 강 반대편에 거주하고 있던 드레블랴닌족의 영토도 러시아에 통합시켰다.

올레그의 정복 활동의 최고 정점은 동로마 제국 원정이었다. 907년 올레그는 동로마 제국으로 원정을 떠났다. 러시아의 기록에 따르면, 그는 콘스탄티노플 성벽에 자신의 방패를 걸어 놓았다고 한다. 하지만 많은 학자들에 따르면, 이와 같은 기록은 상당 부분 과장되어 있다.

올레그의 죽음과 관련해서는 흥미로운 이야기가 전해 내려온다. 한 예언자는 그가 아끼는 말 때문에 죽게 될 것이라고 예언했다. 그래서 올레그는 그 말을 먼 곳으로 보냈다. 이후 말이 죽었다는 소식을 듣고, 그는 말을 찾아갔다. 그리고 예언이 틀렸다면서 말의 뼈를 툭 쳤다. 그 때 말의 다리에 숨어 있던 독사가 그를 물어 죽게 되었다는 것이다.

키예프 공국의 활발한 정복 전쟁은 동로마 제국에도 영향을 미쳤다. 대표적인 것이 바랑기언 친위대이다. 이는 10~14세기 동안 동로마 제국 황제들을 호위하는 군대였다. "바랑기언"은 9세기 경 우크라이나 지역에 살고 있던 루스 족을 의미한다.

바랑기언 친위대를 만든 것은 동로마제국 황제 바실리우스 2세_{Basil II}였다. 당시 바실리우스 2세는 불가리아로 원정을 떠났다가 패배했다. 그러자 오늘날 터키 지역에 해당하는 아나톨리아의 귀족들이 반란을 일으켰다.

반란이 확대되면서 수도인 콘스탄티노플이 함락될 위기에 처했다. 바실리우스 2세는 키예프 공국의 블라디미르 1세_{Vladimir I}에게 도움을 요청했다. 그는 6천 명의 용병을 파견해서 반란을 진압했다. 이 사건을 계기로 바실리우스 2세는 귀족들보다 용병이 훨씬 충성스럽다는 사실을 알게 되었다. 이들은 단 한 번도 반란을 일으킨 적이 없었다.

바랑기언 친위대는 전부 보병으로 구성되었다. 주된 무기는 도끼와 방패였다. 때로는 긴 칼로 무장하기도 했다. 그리고 체인 메일을 착용했다.

체인 메일은 고대 켈트인이 만든 것으로 추정되는 갑옷이다. 초기에는 동물 가죽에 철로 만든 금속 고리를 매달았다. 이후 그 고리를 사슬처럼 연결해서 셔츠처럼 만들었다. 15세기까지 대부분의 기사들은 체인 메일로 온 몸을 감싸고, 그 위에 코트를 입었다. 그리고 머리에는 철로 만든 투구를 쓰고 전쟁에 참

빅토르 바스네초프(Viktor Mikhailovieh Vasnetsov), ≪올레그의 애도≫, 1899년 作. 빅토르 바스네초프는 러시아의 민담이나 동화에 많은 관심을 가지고 있었다. 그래서 전래동화나 민요를 삽화로 그렸다. 많은 사실주의 화가들은 그를 비판했지만, 그의 작품은 점차 사람들 사이에 널리 알려지기 시작했다. ≪올레그의 애도≫는 그가 러시아 민속 미술에서 사용되던 기법을 새로운 방식으로 재창조했던 그림 가운데 하나이다.

전했다.

체인 메일은 방어 도구였다. 주로 칼의 공격을 방어하기 위한 것이었다. 쉽게 입을 수 있다는 장점을 가지고 있는 반면, 움직일 때마다 소리가 난다는 단점이 있다. 금속판으로 만들어진 갑옷이 등장하면서 점차 역사 속으로 사라졌다.

용병을 파견한 이후 키예프 공국과 동로마 제국은 우호적인 관계를 유지했다. 블라드미르 1세는 바실리우스 2세의 누이와 결혼했다. 그리고 이를 계기로 그리스 정교를 수용했다. 더 나아가 그리스 정교를 키예프 공국의 국교로 삼았다.

키예프 공국의 전성기는 11세기에 절정에 달했다. 야로슬로프 1세Yaroslav I가 통치했던 시기는 키예프 공국의 황금기였다. 대외적으로는 활발한 정복 전쟁을 벌였고, 대내적으로는 러시아에서 가장 오래된 법전인『야로슬라프 법전』을 편찬했다.

하지만 키예프 공국의 번성은 오래 가지 못했다. 12세기 말 형제들 간의 내분으로 4개의 국가로 분열되면서 정치적으로 불안정해졌다. 50년 동안 대공이 무려 18번이나 바뀌었다. 1204년에 제4차 십자군 원정에 의해 동로마 제국이 정복되면서 우호적인 관계도 사라졌다. 상업과 교역이 감소했고, 인구도 줄어들었다. 결국 1240년에 몽골 제국이 키예프 공국을 정복했다. 이후 2백 년 이상 이들의 지배를 받았다.

키예프 공국을 마지막으로 지배했던 대공은 블라디미르 모노마흐Vladimir Monomakh였다. 그의 아들 가운데 유리 돌로루키Yuri Vladimirovich Dolgoruki는 러시아 역사에서 매우 유명하다. 모스크바를 창건했기 때문이다. 그는 블라디미르-수즈달 공국을 세우고, 활발한 영토 정복 전쟁을 벌였다.

원래 모스크바는 스테판 쿠츠카Stephan Kutska라는 귀족이 통치하고 있던 지역이었다. 하지만 돌고루키가 그를 죽이고, 이 지역을 차지했다. 문헌에 모스크바가 처음 등장한 것은 1147년 4

월 4일이다. 그는 자신의 형제인 스바토슬라프 올고비치_{Sviatoslav Olgovich}에게 "내가 있는 모스크바로 오라"고 초대했다. 그래서 러시아 연대기에서는 이 날을 모스크바의 창건일로 기록하고 있다.

모스크바는 블라디미르-수즈달 공국의 도시에서 새로운 공국으로 발전했다. 가장 큰 이유는 지리적 이점 때문이었다. 모스크바는 킵차크 칸국이나 독일, 스웨덴 등 여러 국가들의 직접적인 공격을 피할 수 있는 위치에 있었다. 그래서 당시 많은 사람들이 이 지역으로 이주하기 시작했다.

키에프처럼 모스크바 역시 교역로의 여러 지점들이 연결되는 곳이었다. 여러 지역들의 상인들은 모스크바에서 교역했다. 이로 인해 모스크바는 점차 상업의 중심지로 부상하기 시작했다.

알렉산드로 네프스키 Alexander Yaroslavich Nevsky 는 러시아의 영웅이다. 러시아 역사 상 가장 위대한 전투 가운데 하나인 네바 강 전투에서 승리했기 때문이다. 1240년에 벌어진 이 전투는 노브고로드 공국과 스웨덴 사이에서 벌어졌다.

당시 스웨덴은 러시아 북서부로 세력을 확대시키고자 했다. 노브고로드 공국이 이 전투에서 승리함으로써 스웨덴의 진출이 좌절되었다. '네프스키'라는 이름은 이 전투 때문에 얻은 것이다. 이는 '네바 강'이라는 뜻이다.

블라디미르-수즈달 공국의 대공이 된 네프스키는 몽골과의 관계에서도 현명하게 대처했다. 그는 몽골 제국과의 전쟁에서 자신들이 결코 승리할 수 없음을 판단하고, 이들에게 조공을 바치면서 협력했다. 이를 통해 네프스키는 몽골 제국으로부터 '루시의 대공'이라는 칭호를 받았고, 몽골 제국도 그의 영지는 침공하지 않았다.

그의 아들 다니엘 알렉산드로비치Daniel Alexandrovich는 모스크바 공국을 세웠다. 그리고 영토를 계속 확대시켜 나갔다. 몽골 제국에 대한 조공은 계속 되었다. 3대 대공 이반 다닐로비치Ivan Danilovich는 킵차크 칸국을 자주 방문했다. 칸들과 그 아내들에게 비싼 선물을 바친 결과, 모스크바 공국은 모스크바 대공국으로 격상되었다.

킵차크 칸국은 여러 공국에 상주했던 몽골 징세관들을 본국으로 소환했다. 대신 루시 대공들이 세금을 거두어 바치도록 했다. 이반 다닐로비치는 누구보다도 먼저 공물과 세금을 바쳤다. 이로 인해 모든 공국의 세금과 공물을 바치는 권한을 얻었다. 이제 모스크바 대공국은 다른 어느 공국보다 막강한 세력을 가지게 되었다.

흥미로운 사실은 이반의 이러한 정책을 비난하는 학자들이 거의 없다는 사실이다. 오히려 대부분의 학자들은 몽골 제국에 대한 그의 정책이 쓸데없는 전쟁의 피해를 줄였다고 평가하고 있다. 이반 덕분에 모스크바 대공국은 정치적, 경제적 중심지로 부상했다.

이 시기에 킵차크 칸국은 쇠퇴하기 시작했다. 치명적인 유행성 전염병인 흑사병이 발생했기 때문이다. 후계자는 암살당했고, 동맹 국가들과의 관계는 악화되었다. 이러한 상황 속에서 조공을 바치던 모스크바 대공국과 킵차크 칸국의 충돌이 발생했다.

당시 모스크바 대공국을 지배했던 대공은 드미트리 이바노비치Dmitry Ivanovich였다. 아버지인 이반 2세Ivan II가 사망했을 때 그는 겨우 9세였다. 그가 즉위하자 숙부인 드미트리Dmitry가 권리를 주장했다. 하지만 모스크바 대공국의 유력자들과 많은 사람들은 조카 드미트리를 지지했다.

그는 주변 공국을 정복하고, 조공을 받았다. 이를 통해 모스크바 대공국의 세력은 더욱 확대되었다. 당시 킵차크 칸국은 정치적으로 위기에 직면해 있었다. 이를 계기로 킵차크 칸국에 대한 저항의 목소리가 확산되기 시작했다. 1374년 오늘날 러시아 서부에 위치한 니즈니 노브고로드 시민들은 킵차크 칸국의 사절과 병사들을 살해했다.

이후 킵차크 칸국과 여러 공국들 사이의 충돌은 더욱 빈번하게 발생했다. 결국 1378년 모스크바대공국의 군대와 킵차크 칸국의 군대가 보자 강에서 충돌했다. 이 전투에서 승리한 것은 모스크바 대공국이었다. 킵차크 칸국은 리투아니아와 동맹을 맺고, 20만 명의 군대를 이끌고 모스크바 대공국을 공격했다. 하지만 이 전투에서도 모스크바 대공국이 승리했다.

이 전투는 러시아의 여러 공국들에 많은 의미를 부여했다. 그들은 몽골 제국의 엄청난 군사력을 더 이상 두려워하지 않게 되었다. 이와 더불어 드미트리 대공과 모스크바 대공국은 모든 공국의 중심으로 부상했다. 이제 모스크바 대공국을 중심으로 여러 공국들이 통일되기 시작했다. 그리고 1471년 노브고로드 공국을 통합하면서 통일국가를 완성했다.

15세기 중반 킵차크 칸국은 카잔 칸국, 크림 칸국, 아스트라한 칸국, 우즈베크 칸국, 그리고 카자흐 칸국으로 분열되었다. 그리고 대부분의 영토를 상실했다. 킵차크 칸국의 남은 세력은 모스크바 대공국을 공격했다. 하지만 우그라 강에서의 장기간의 대치 끝에 군대를 철수했다. 기록에 따르면, 러시아의 혹한 때문이었다.

이후 킵차크 칸국의 지배는 종식되었다. 이로 인해 당시 모스크바 대공국을 지배했던 이반 3세Ivan Ⅲ는 위대하고 성스러운 군주로 존경받았다. 여러 공국들을 통합하면서 통일된 체계가 필요했다. 이를 위해 이반 3세는 법전을 통일했다. 그 결과,『수데브니크』가 편찬되었다. 이 법전은 농노제의 법적 기반을 마련한 것으로도 유명하다.

1547년에 이반 4세Ivan Ⅳ는 대관식을 치르면서 차르로 집권했다. 차르는 러시아나 불가리아 등 그리스 정교를 믿는 슬라브 국가에서 군주를 칭하는 이름이다. 왕이나 황제를 뜻하는 라틴 어의 '카이제르'에서 유래했다.

그의 할아버지인 이반 3세는 동로마 제국의 조카딸과 결혼했다. 1453년에 동로마 제국이 멸망하자 그는 모스크바 대공국이 이를 계승하는 '제 3의 로마'임을 주장했다. 그러면서 자신을 로마 황제로 칭하는 '차르'로 부르게 했다. 하지만 공식적으로 차르의 명칭을 사용한 것은 이반 4세였다. 이후 차르는 러시아 혁명 때까지 러시아의 황제를 지칭하는 용어로 통용되었다.

이반 4세는 어렸을 때 부모가 세상을 떠났다. 당시 최고 귀족인 보야르들이 권력을 장악하고 있었다. 이들의 권력과 수가 증가하면서 이들 간 파벌과 갈등이 발생했다. 따라서 보야르들은 서로 단결해서 황제의 권력을 위협할 수 없었다.

더욱이 당시 하급 귀족이나 지방 귀족들은 보야르의 권력을 억제시켜 줄 강력한 황제를 기대했다. 상인들은 러시아 전체를 하나의 상권으로 통합할 수 있는 경제적 구조를 원했다. 이들은 서로 다른 이유에서 이반 4세를 지지했다. 이들 덕분에 그는 차르로 즉위할 수 있었다.

이반 4세는 개혁을 통해 지방정부의 자치권을 중앙정부로 통합시켰다. 그리고 보야르들이 마음대로 휘둘렀던 지방 사법권을 지방 귀족과 자유민들에게 나누어 주었다. 상비군을 창설하고, 토지제도를 개편했다.

대외적으로는 몽골인들이 볼가 강 중류에 건국한 카잔 칸국을 정복했다. 영국을 비롯해 서유럽 국가들과의 교역도 시도했다. 이와 같은 그의 업적은 일부 보야르를 제외한 대부분의 국민들로부터 칭송을 받았다. 그야말로 나무랄 데 없는 치세였고, 역사 속 성군으로 기록될 수도 있었다.

이반 4세는 별명을 가지고 있다. 바로 "뇌제雷帝"이다. 러시아어로 '그로니즈Грозный'는 '위협적인, 끔찍한'이라는 뜻을 가지고 있다. 원래 이반 4세의 별명은 '끔찍한 이반Ivan the Terrible'이다.

러시아어에 '그로니즈'와 발음이 비슷한 '그로자Гроза'라는 단어가 있다. '천둥'을 의미한다. 이 역시 무섭거나 위협적이라는 의미를 가지고 있다. 그래서 일본에서 이 단어를 한자로 '뇌제'라고 번역했다. 그리고 우리는 이렇게 번역된 단어를 그대로 수용해서 '이반 뇌제'라고 부르고 있다.

이반 4세가 '이반 뇌제'라는 별명을 얻게 된 것은 통치 후반기부터였다. 역사학자들에 따르면, 1553년에 그가 병에 걸렸을 때부터로 추정할 수 있다. 당시 그가 걸렸던 병은 바로 매독이었다. 1960년대 그의 유해를 부검했을 때 다량의 수은이 검출되었다. 학자들은 그가 매독을 치료하기 위해 수은을 이용했고, 그가 보였던 난폭하고 위협적인 행동이 수은 중독 때문에 발생했던 것으로 추측하고 있다.

명화로 읽는 전염병의 세계사

매독에 걸린 이반 4세는 자신이 낫지 않을 것이라고 생각했다. 그래서 신하들에게 생후 5개월된 자신의 아들 드미트리 Dinitry에게 충성 서약을 하도록 했다. 하지만 그동안 이반 4세에게 충성했던 신하들은 그의 이복형인 블라디미르 스타리츠키 Vladimir of Staritsa를 차르로 삼고자 했다.

놀랍게도 이반 4세는 기적적으로 쾌차했다. 하지만 그는 자신의 충신들이 배반했다는 사실을 알게 되었다. 이들의 갈등은 러시아의 팽창 방향을 둘러싸고 더욱 극심해졌다. 이반 4세는 서방으로 진출하고자 했지만, 신하들은 동방으로 진출해야 한다고 주장했다. 결국 이반 4세의 고집대로 발트 해 연안을 침공했지만, 얻은 것은 아무 것도 없었다. 이와 더불어 이 시기에 발생한 기근과 역병 때문에 이반 4세에 대한 민심은 더욱 악화되었다.

1560년 황후 아나스타샤Anastasia Romanovna가 사망했다. 이를 계기로 이반 4세는 광기를 나타냈다. 그는 반역자들이 황후를 독살했다고 생각했다. 그래서 이복형 블라디미르를 포함해 주변 사람들을 숙청하기 시작했다.

그는 치안을 유지한다는 명목으로 자신에게만 복종하는 흑위병을 창설했다. 이들은 귀족과 농민을 약탈하고 학살했다. 숙청이 증가할수록 사람들을 고문하고 학대하는 방법 역시 진화했다. 끓는 물에 사람을 삶거나 긴 꼬챙이로 꿰었다. 기둥에

묶고 천천히 돌리면서 굽기도 했다.

차르는 귀족의 권리를 존중하고 평민의 생활을 보호해주어야 한다는 목소리에 이반 4세는 다음과 같이 주장했다. "러시아의 차르는 전제군주이므로 누구의 비판도 받을 필요가 없다. 차르는 신께서 내리신 노예들을 뜻대로 부릴 권리가 있다. 설령 차르가 부도덕한 일을 저지르더라도, 신하가 차르의 명령에 복종하지 않는다면 그것은 중죄일 뿐 아니라 영혼을 지옥에 떨어뜨리는 짓이다. 신하는 군주를 맹목적으로 따르라는 것이 신의 지엄하신 명령이기 때문이다."

16~17세기 유럽의 일부 국가에서 유행했던 사상 가운데 한 가지는 바로 왕권신수설王權神授說이었다. 절대주의 국가에서 왕권은 신으로부터 주어진 것이기 때문에 왕은 신에 대해서만 책임을 지고, 인민은 저항권 없이 왕에게 절대 복종해야 한다는 정치 이론이다.

민주주의가 발전한 오늘날 사회에서는 도저히 이해할 수 없는 내용이다. 하지만 당시 유럽의 여러 왕조에서는 이와 같은 권리를 강조했다. 아래로부터 왕에서 저항하는 권리를 부정하고, 로마 교황을 비롯해 밖에서 개입하는 것을 방지하기 위해서였다. 명목상으로는 국가의 안전과 평화를 실현하기 위함을 강조했다.

16세기 말, 잉글랜드의 왕 제임스 1세James I 는 왕위에 오르기 전 "자유로운 군주국의 진정한 법"이라는 논문을 썼다. 이 논문에서 그는 왕은 지상에서 신의 대리인이기 때문에 왕권에는 제한이 없으며, 의회의 역할은 왕에게 권고하는데 그친다고 주장했다. 그는 왕이 지상에서 신과 같은 권력을 가지고 있기 때문에 '신'으로 불리는 것은 너무 당연한 일이라고 생각했다. 따라서 자신은 신 이외에는 아무 것도 책임을 지지 않는다고 주장했다.

이러한 주장은 프랑스에서도 마찬가지였다. 프랑스의 절대주의는 루이 14세_{Louis XIV} 때 절정에 달했다. 그는 "신은 사람들이 왕을 신의 대리인으로서 존경할 것을 희망한다. 신민으로 태어난 사람은 누구든지 왕에게 무조건 복종하는 것이 신이 희망하는 것이다"라고 생각했다.

이반 4세는 이와 같은 왕권신수설을 '광기의 정치'로 강화시키고자 했다. 신의 대리인인 차르를 거역하는 것은 곧 신을 거역하는 것이라 생각했다. 그리고 이는 참혹한 대가를 초래했다. 하지만 이와 같은 광기는 결국 자신의 파멸을 초래했다. 1581년 11월 16일, 임신한 며느리의 복장을 꾸짖자 이를 말리던 아들을 쇠몽둥이로 내리쳐 죽인 것이다. 매독이 초래한 비극이 아닐 수 없다.

일리야 레핀(Il'ya Efimovich Repin), 《이반과 그의 아들》, 1885년 作.
일리야 레핀은 러시아 화가이다. 혁명주의 사상으로부터 영향을 받아 사
실주의 그림을 많이 그렸다. 그는 아들을 쇠몽둥이로 내리친 다음 후회
하는 이반 4세의 모습을 그렸다. 그림을 자세히 살펴보면, 눈물을 흘리
는 모습을 볼 수 있다. 얼핏 보면, 그에 대한 연민이나 동정을 불러일으
킬 수 있지만, 레핀의 의도는 그렇지 않았다. 그는 당시 러시아를 지배하
고 있던 알렉산드르 3세(Alexander III)의 폭정이 이반 4세 시대와 그리
다르지 않다는 사실을 민중들에게 상기시키고자 했던 것이다.

4. 바서만 반응과 '마법의 탄환'

1494년 이탈리아 전쟁을 계기로 유럽 전역에 매독이 확산되자 사람들은 다양한 방법으로 매독을 치료하려 했다. 대표적인 방법은 수은이었다. 사람들은 수은 증기욕을 주로 활용했다. 수은을 가열해서 그 증기를 감염된 부위를 쐬어 매독균을 죽이는 방법이다. 사실 이 치료과정은 매독만큼이나 고통스러웠고, 후유증도 엄청났다. 장기간의 수은 치료로 인해 치아나 머리카락이 빠져 외모가 흉하게 변했다. 이 때문에 매독 치료를 포기하는 사람들도 많았다.

'칼로멜'이라고도 불리는 감홍甘汞은 수은 화합물이다. 이는 염화수은보다 독성이 훨씬 강했다. 따라서 수은 치료보다 부작용이 더욱 심했다. 염화수은이 암모니아수를 가하면 흑색의 수은 입자를 생성하기 때문에 '아름다운 흑색'이라는 뜻을 지닌 그리스어 'Kalon melas'로부터 유래되었다.

윌리엄 오슬러William Osler는 미국 존스홉킨스대학 내과 과장이자 『의학의 진화The Evolution of Medicine』의 저자이다. 그는 "매독을 아는 의사가 의학을 아는 의사이다The Physician who knows syphilis knw medicine"라고 말했다. 매독을 다른 질병과 구분하는 것이 상당히 어렵기 때문이다. 매독은 특히 잠복 기간이 길고, 증상이 잘 나타나지 않기 때문에 더욱 그러했다.

1905년에 매독균이 발견되었다. 독일 피부과 의사 에리히 호프만Erich Hoffmann과 프리츠 샤우딘Fritz Richard Schaudinn이 매독을 유발하는 스피로헤타를 발견했다. 매독의 원인이 밝혀지면서 이 치명적인 전염병을 치료하기 위한 인류의 발걸음은 한 발 더 나아갔다.

1906년 독일 세균학자 아우구스트 폰 바서만August von Wassermann은 매독을 진단하는 혈청 반응법을 개발했다. 당시에 질병을 감별하기 위해서는 보체결합반응을 사용했다.

보체Complement는 동물의 혈청 속에 포함되어 있다. 혈청 용해 반응에서 용해소를 도와 항원 세포를 용해시키거나 항원 항체 복합체에 결합하는 혈청 성분을 의미한다. 보체는 바이러스성 뇌염과 같은 특이한 항원은 분명하게 진단하지만, 매독과 같은 비특이항원에 대해서는 분명하게 결합하지 않는다.

바서만은 매독 장기항원臟器抗原을 이용한 보체결합반응을 통해 매독 환자의 혈청을 분명하게 진단할 수 있다는 사실을 발견했다. 그는 비록 매독균을 배양할 수는 없지만, 선천적으로 매독을 가지고 태어난 아이의 간장이 순수 배양에 가깝다는 사실을 알게 되었다. 그래서 이 간장의 추출액을 만들어 매독 환자 혈청과 보체결합반응을 시켜 성공했다. 이 반응에서 용혈 반응이 발생하면 음성, 반응이 발생하지 않으면 양성으로 판단한다.

바서만의 진단이 성공하면서 매독을 치료하려는 시도는 더욱 활기를 띠었다. 독일 세균학자이자 화학자 파울 에를리히Paul Ehrlich는 피마자에 관심을 가지고 있었다. 그는 피마자의 수용성 독성 성분인 식물성 단백질 리신ricin을 실험동물에게 주입하면, 독성이 혈액을 따라 중화되는 것을 발견했다.

그는 시간 간격을 두고 독소의 양을 서서히 늘렸다. 그러자 실험동물 혈청의 항독소 양도 증가한다는 사실을 발견했다. 이는 특정 세균에 효과를 지니는 화학요법제를 개발하게 되는 계기가 되었다.

에를리히는 각 질병을 유발하는 특이한 원인을 찾고자 했다. 그는 그 원인을 해결하면 질병을 치료할 수 있다고 믿었다. 그 래서 질병의 원인인 세균만 골라서 죽이는 화학물질을 합성하려고 노력했다.

그는 동물실험을 통해 항독소가 독소와 반응하는 사실을 알게 되었다. 따라서 세균의 표면에 결합하는 화학물질을 만든다면, 그 물질이 세균의 활동을 억제할 것이라고 생각했다. 다시 말해, 감염체에는 반응하지만, 환자의 세포에는 반응하지 않는 화학물질을 발견하려 했던 것이다. 에를리히는 이를 '마법의 탄환Magic Bullet'이라고 불렀다.

마법의 탄환을 만들기 위해 그가 선택한 화학물질은 바로 비소As였다. 원자번호 33번에 해당하는 비소는 역사에 기록된 것은 기원전 4세기경부터 역사에 등장한다. 이 시기에 그리스 철

학자 아리스토텔레스는 붉은 황색을 띤 비소 화합물을 '계관석'이라고 불렀다. 계관석은 아라비아어로 '광산의 가루'라는 단어에서 유래했다. 주성분은 비소와 황이며, 화산 지대에서 주로 산출된다. 불에 넣으면 흰 연기를 내기 때문에 염소산칼륨KClO3과 섞어 불꽃으로 사용한다.

모험을 통해 자신의 꿈을 찾아 나선 사람이 있다. 그는 이 모험에서 서로 다른 사람들을 만난다. 이들과의 만남을 통해 어떨 때는 감동을 얻기도 하고, 어떨 때는 깨달음을 얻기도 한다. 그리고 계속 여행을 한다. 이 여행 속에서 그는 자신을 변화시킨다. 양치기에서 상인으로, 연인으로, 전사로. 하지만 절대로 꿈을 포기하지 않았기 때문에 우주의 신비인 연금술의 원리를 찾게 된다. 브라질 작가 파울로 코엘료Paulo Coelho의 대표적인 베스트셀러 『연금술사The Alchemist』의 내용이다.

연금술은 수은과 유황, 그리고 여러 가지 광물들을 서로 반응시켜 완전한 물질, 즉 금을 만드는 신비한 기술이다. 이는 아리스토텔레스의 4원소설로부터 영향을 받았다. 아리스토텔레스는 이 세상이 물과 불, 흙, 그리고 공기에 의해 구성되어 있다고 주장했다. 그의 물질관으로부터 영향을 받은 알렉산드리아에서는 금이나 은의 형상을 추출하고, 이를 비금속에 부여해서 금이나 은과 비슷한 것을 얻고자 했다.

연금술은 페르시아를 거쳐 이슬람 세계로 전해졌다. 8세기 이슬람 천문학자이자 연금술사 자비르 이븐 하이얀Abu Musa Jabir ibn Hayyan은 '이슬람 최대의 연금술사'이다. 그는 아리스토텔레스의 4원소설을 활용해 모든 금속은 수은과 황으로 구성되어 있다고 믿었다. 그리고 금속 간 차이는 황의 배합 차이 때문에 발생하는 것이라고 생각했다.

자비르는 '연금술의 창시자'라 불릴 정도로 수많은 저서들을 집필했다. 대표적인 것으로는 『금성에 관한 책Kitab al-Zuhra』이나 『70의 책Kitab al-Sabe' en』을 들 수 있다. 그는 납이나 주석, 철과 같은 금속에 일정량의 화학 물질을 혼합하면 금이 된다고 가정하고, 이를 실험했다. 한 가지 흥미로운 점은 그가 다른 학자들과 달리 비소를 금속으로 간주하지 않았다는 사실이다.

윌리엄 더글러스(William Fettes Douglas), ≪연금술사≫, 1853년 作. 윌리엄 페티스 더글러스는 스코틀랜드 화가이다. 제대로 미술 교육을 받지 않았지만, 감각을 정확하게 활용할 줄 알았다. 신비주의적인 주제에 많은 관심을 가지고 있어서 ≪연금술사≫와 같은 그림을 그렸다.

1144년에 체스터에 살고 있던 로버트Robert라는 사람이 라틴어로 연금술 서적을 번역한 것이 계기가 되어 유럽에 연금술이 소개되었다. 이후 수많은 사람들이 연금술에 관심을 가졌다. 이들은 비소를 황과 마찬가지로 금속으로 간주하고, 이를 금으로 변화시키려고 했다.

놀라운 사실은 영국 물리학자 아이작 뉴턴Sir Isaac Newton이 가장 많은 관심을 가지고 연구했던 분야가 바로 연금술이라는 것이다. 그는 다른 연금술사들과 마찬가지로 금속을 금으로 바꾸는 '현자의 돌'을 믿었다. 1780년 프랑스 화학자 라부아지에Antoine Laurent de Lavoisier가 원소설을 발표할 때까지 많은 사람들은 연금술을 믿었다.

비소가 우리에게 익숙한 이유는 바로 독성 때문이다. 로마 제국에서 비소는 '독약 중의 왕' 또는 '왕의 독약'으로 불렸다. 우리나라에서도 왕이 죄인에게 내리는 사약에 비소가 포함되어 있었다. 『조선왕조실록』중 ≪성종실록≫ 144권, 8월 16일에는 다음과 같은 기록이 등장한다.

"世佐出招內醫宋欽問曰: "何藥可以殺人?" 欽曰: "無如砒礵。" 令注書權柱, 馳往典醫監, 取砒礵而去。"

"이세좌가 나가서 내의內醫 송흠宋欽을 불러서 묻기를 "어떤 약藥이 사람을 죽일 수 있는가?"하니, 송흠이 말하기를, "비상砒礵만한 것이 없습니다"하므로, 주서注書 권주權柱로 하여금 전의감典醫監에 달려가서 비상을 가지고 가게 하였다."

　　바로 폐비 윤씨를 사사할 때의 기록이다. 폐비 윤씨는 윤기무尹起畝의 딸로 조선 제 9대 왕인 성종成宗의 후궁으로 간택되었다. ≪성종실록≫ 69권에는 다음과 같은 기록이 등장한다.

　　"尹氏居常卑服崇儉, 事事誠謹, 可屬大事。"

　　"윤씨가 평소에 허름한 옷을 입고 검소한 것을 숭상하며 일마다
　　정성과 조심성으로 대하였으니, 대사大事를 위촉委囑할 만하다."

　　초기에 윤씨는 검소하고 온화했기 때문에 성종으로부터 총애를 받았다. 그래서 성종의 첫 번째 왕비였던 공혜왕후恭惠王后 한씨韓氏가 세상을 떠나자 왕비가 되었다. 당시 윤씨는 임신 중이었고, 1476년 11월 7일에 연산군燕山君을 낳았다.
　　그렇다면 그녀는 왜 사약을 받았을까. 그녀의 바르지 못한 행동들은 연산군이 태어난 이후부터 나타났다. 질투심이 많아 성종이 총애하는 후궁들을 괴롭혔다고 기록되어 있다. ≪성종실록≫ 105권, 6월 5일의 기록을 살펴보자.

　　"曩在丁酉, 尹氏陰懷毒藥, 謀欲害人, 至以乾柿砒礵, 同置囊中,
　　安知不欲食我也? 或無子, 或半身不遂, 凡害人之方, 書諸小冊,

藏于篋中, 事覺, 大妃取之, 至今猶在。 又僞作嚴氏家與鄭氏家
相通, 謀傾尹氏, 諺文, 故投于權氏之第, 蓋欲事覺, 害及嚴、鄭
兩氏也 *

"지난 정유년에 윤씨尹氏가 몰래 독약毒藥을 품고 사람을 해치고자
하여, 건시乾柿와 비상砒霜을 주머니에 같이 넣어 두었으니, 이것이
나에게 먹이고자 한 것인지도 알 수 없지 않는가? 혹 무자無子하
게 하는 일이나, 혹 반신불수半身不遂가 되게 하는 일, 그리고 무릇
사람을 해害하는 방법을 작은 책에 써서 상자 속에 감추어 두었다
가, 일이 발각된 후 대비께서 이를 취하여 지금까지도 있다. 또 엄
씨嚴氏 집과 정씨鄭氏 집이 서로 통하여 윤씨尹氏를 해치려고 모의
한 내용의 언문諺文을 거짓으로 만들어서 고의로 권씨權氏의 집에
투입投入시켰는데, 이는 대개 일이 발각되면 엄씨와 정씨에게 해
가 미치게 하고자 한 것이다"

윤씨가 사용하고자 했던 독약 역시 비상이었다. 비상은 비소
화합물이다.

결국 1479년 6월 2일 그녀는 폐서인廢庶人 되어 사가로 쫓겨났
다. 그리고 1482년 8월 16일, 사약을 받고 사사賜死되었다. 성종
의 명에 따라 묘비도 세우지 못한 채 동대문 밖에 묻혀 있었다.
원래 묘는 서울 동대문구 회기동 경희의료원 자리에 있었으나
현재 경기도 덕양구 원신동의 고양 서삼릉 경내로 옮겨져 있다.

"내 사전에 불가능은 없다."프랑스 군인이자 황제였던 나폴

레옹 보나파르트Napoleon Bonaparte의 말이다. 프랑스는 1789년에 발생한 혁명 이후 정치적으로 매우 혼란스러웠다. 나폴레옹은 1798년 5월, 5만여 명의 병력을 이끌고 이집트를 원정했다. 이후 쿠데타를 일으켜 정권을 잡았다. 결국 그는 황제가 되었다. 그리고 유럽 전체를 지배하고자 했다.

하지만 1812년 러시아 원정에 실패했다. 이후 영국과 러시아 연합군에 의해 파리가 점령되자 그는 엘바 섬으로 유배되었다. 1815년 엘바 섬을 탈출해 다시 황제가 되었지만, 6월에 영국과 프로이센 연합군과 벌인 워털루 전쟁에서 패배했다.

1821년에 나폴레옹이 사망했을 때 8명의 의사가 그의 시체를 부검했다. 여러 초상화에서도 알 수 있듯이 그는 늘 옷 속에 손을 넣고 있었다. 따라서 많은 사람들은 그의 위가 좋지 않다고 생각했다. 그런데 부검 결과, 간과 비장 상태가 매우 나빴고, 위에는 궤양이 있었다.

흥미롭게도 1960년대 이후 나폴레옹이 비소에 의해 독살된 것이라는 주장이 제기되었다. 그의 모발에서 비소가 검출된 것이다. 비소는 인체 조직 중 모발에 잘 흡수되는 특징을 가지고 있다. 1955년 토론토 대학에서 검사를 시행했다. 그 결과, 나폴레옹의 모발에서는 정상적인 비소 함유율인 0.8~2PPM을 초과하는 10PPM 이상의 비소가 검출되었다. 그는 비소 중독이었던

샤를 스투벵(Charles de Steuben), 《나폴레옹 초상화》
, 1812년 作. 프랑스 낭만주의 화가 샤를 스투벵은 대상의
본질을 정확하게 포착하고, 이를 특징으로 하여 그림을
그리는 것으로 널리 알려져 있다. 《나폴레옹 초상화》는
늘 옷 속에 손을 넣고 다니는 나폴레옹의 모습을 제대로
묘사했다.

명화로 읽는 전염병의 세계사

것이다.

　20세기 초 영국은 전 세계적으로 식민지를 확대시키는데 열중했다. 산업혁명 이후 원료 공급지와 시장, 그리고 노동력이 필요했던 것이다. 당시 영국은 이집트 알렉산드리아에서부터 남아프리카공화국까지 아프리카를 수직으로 연결하는 정책을 수립했다.

　그런데 이러한 영국의 제국주의 정책에 커다란 방해물이 있었다. 바로 수면병이었다. 수면병은 아프리카의 사하라 이남 지역에서 발생하는 열대병이다. 파동편모충Trypanosoma brucei이 체체파리에 잠복해 있다가 사람에게 감염된다. 당시 대부분의 사람들은 적절한 치료를 받지 못한 채 사망했다.

　1906년 영국에서는 벤젠과 수소, 암모니아, 그리고 비소로 구성된 아톡실이라는 염색체를 발견되었다. 그리고 이 염색체가 수면병의 원인인 트리파노조마Trypanosoma에 감염된 실험동물을 치료하는데 효과가 있다는 사실도 발견되었다. 하지만 독성이 너무 강했다.

　이 시기에 에를리히는 적색의 산성 염료인 트리판레드로 트리파노조마를 실험하고 있었다. 그는 아톡실의 구조를 변형시켰다. 그리고 균은 죽이지만, 환자에게 해가 되지 않는 마법의 탄환을 찾기 시작했다.

　그의 실험은 계속 되었다. 900번 이상 다른 조합의 비소 화합물을 실험했다. 이후 그는 606번째 화합물을 선택했다. 사실, 이 화합물은 수면병 치료에는 별다른 효과가 없었다. 그런데 기대하지 않았던 매독균에 효과적이라는 사실을 발견했다.

에를리히는 기니 피그와 토끼를 대상으로 반복적으로 임상 실험을 했다. 그 결과, 어떤 실험동물도 죽지 않고 매독을 치료했다. 오랫동안 인간에게 끔찍한 고통과 상처를 주었던 매독을 효과적으로 치료할 수 있는 약이 개발된 것이다.

처음에 이 약은 '606'호라고 불렸다. 606번째 화합물이라는 의미이다. 이후 에를리히는 이 약에 '살바르산'이라는 이름을 붙였다. '생명을 구하는 비소'라는 뜻을 가지고 있다. 살바르산은 최초의 화학요법제이다. 이로써 인체에 별다른 해를 끼치지 않고 병원체만 골라 죽일 수 있는 마법의 탄환을 찾으려는 에를리히의 목표는 현실화되었다.

물론 살바르산을 둘러싸고 극찬만 있었던 것은 아니다. 당시 독일과 경쟁 관계였던 프랑스에서는 살바르산을 여전히 606번 화합물'이라고 부르면서 '독일의 독약'이라고 비아냥거렸다. 그들은 이 약으로는 절대 매독을 완치시킬 수 없다고 주장했다. 이와 더불어 복용량을 정확하게 지키지 않은 사람들 사이에서 나타난 부작용은 소송으로 이어지기도 했다.

매독이 신이 내리는 벌이라고 생각하는 사람들 역시 살바르산을 반대했다. 이들은 육체적 쾌락을 추구하는 사람들은 매독에 걸려도 마땅하다고 주장했다. 신이 절제할 줄 모르는 인간에게 내리는 벌을 기꺼이 받아야 한다는 것이다. 그들에게 매독이 주는 고통은 위대한 신이 가진 계획의 일부였다.

1928년 영국 미생물학자 알렉산더 플레밍 Alexander Fleming은 최초의 항생제인 페니실린을 발견했다. 그가 페니실린을 발견한 이야기는 매우 유명하다. 당시 플레밍은 실험을 위해 포도상구균을 배양하고, 휴가를 갔다. 돌아와서 관찰해보니 포도상구균에 곰팡이 발생했다. 그는 세균을 녹여버린 이 곰팡이에 흥미를 가지고, 이를 연구함으로써 페니실린을 발견했다.

페니실린은 특히 매독에 효과적이었다. 초기에는 페니실린 주사 몇 방으로 매독을 치료할 수 있기 때문이다. 하지만 페니실린이 발견되기 전까지는 살바르산이 효과적인 매독 치료제로 사용되었다. 그리고 마법의 탄환을 찾으려는 시도는 지금까지도 계속되고 있다.

알브레히트 뒤러(Albrecht Dürer), ≪매독을 앓고 있는 남자≫, 1496作. '독일 미술의 아버지'로 추앙받는 미술가로, 회화, 드로잉, 판화와 미술 이론 분야에서 뛰어난 업적을 남겼다. 그가 그린 이 그림은 '매독'이란 질환을 최초로 묘사한 작품이다.

2. 매독

: 트레포네마 팔리듐균 Treponema pallidum 에 의해
  발생하는 성병

✚ 원인

성적 접촉에 의해 트레포네마 팔리듐균이 전파되면서 발생한다.
모체에서 태아로 전파되는 경우도 있다.

✚ 증상

매독의 증상에 따라 1~3기로 구분할 수 있다. 1기 매독에서는 통
증이 없는 피부궤양이 주로 발생한다. 일반적으로 매독균에 감염된
후 궤양이 발생하기까지 10~90일 정도 걸린다. 주로 성기 부위에서
발생하며, 자연적으로 호전되는 경우도 있다. 하지만 적절한 치료를
받지 않으면 2기 매독으로 진행되기도 한다.

2기 매독의 특징은 피부 발진과 점막에 나타나는 증상이다. 1기 매
독에서 발생했던 통증 없는 궤양이 치유되면서 나타나거나 이후 여
러 주가 지난 다음에 발생한다. 전신에 걸쳐 발진이 나타나는데, 특
히 손바닥과 발바닥에 나타나는 발진은 2기 매독의 특징적인 증상이
다. 그밖에 발열, 두통, 근육통, 체중 감소 등도 함께 나타날 수 있다.

1기 매독과 2기 매독 증상이 사라진 후 치료를 하지 않으면, 체내
에 매독균이 계속 남아 있는 경우가 있다. 잠복 상태가 길게는 여러

해까지 지속되기도 하는데, 3기 매독은 내부 장기 손상을 초래한다. 주로 중추신경계나 눈, 심장, 간, 관절, 뼈 등 여러 장기에 매독균이 침투한다. 특히 중추 신경계에 침투하면 신경매독이 발생하는데, 이 경우 뇌막 자극 증상이나 뇌혈관 증상 등이 나타난다.

✚ 검사

매독 검사에는 균을 관찰하는 검사 방법과 혈청 검사 방법 두 가지가 있다. 균을 관찰하는 검사 방법은 통증이 없는 궤양 부위에서 얻은 검체를 현미경으로 관찰해 매독균을 확인한다. 하지만 직접 균체를 검출하거나 배양하기 어려워 주로 혈청 검사를 이용한다.

비ㅣ트레포네마 검사는 매우 경제적이고 간편하기 때문에 매독 진단을 위한 선별검사 및 치료 후 판정기준으로 사용되고 있다. 이는 매독 감염에 따른 세포 손상과 매독균의 세포 표면에서 탈락된 지질 성분의 반응을 통해 진단한다.

트레포네마 검사는 매독균 전체 혹은 일부 항원을 이용해 매독균의 세포 성분에 대한 항체를 검출해서 진단한다. 비트레포네마 검사보다 까다롭지만, 매독 전 기에 걸쳐 민감도와 특이도가 높다.

✚ 치료

매독의 단계에 따라 치료 방법이 결정된다. 초기 잠복매독과 1기 매독, 2기 매독은 페니실린 근육주사로도 치료가 가능하다. 후기 잠복매독의 경우, 중추신경계로 매독균이 침투되지 않았다면 매주 페니실린 주사 치료를 3주 동안 시행하는 것이 효과적이다.

신경매독의 경우, 수용성 페니실린 정맥 주사 치료를 10~14일간 시행한다. 환자가 페니실린에 과민 반응이 있는 경우에는 적절한 대체 요법을 사용한다.

Ⅲ

《콜럼버스의 상륙》과
'콜럼버스 데이'

존 반델린(John Vanderlyn), 《콜럼버스의 상륙》, 1842-44년 作. 반
델린은 미국의 또 다른 영웅으로 크리스토퍼 콜럼버스를 선택했다.
이 그림은 콜럼버스가 아메리카에 도착한 것을 기념하기 위한 것이

다. 그림의 중앙에 위치한 콜럼버스는 자신만만하고 당당한 표정인 반면, 배경 속의 아메리카 원주민들은 아무런 존재감도 느껴지지 않는다.

III.
≪콜럼버스의 상륙≫과 '콜럼버스 데이'

18세기 후반 프랑스에서는 새로운 예술 사조가 등장했다. 화가들은 균형 잡힌 구도 속에서 대상을 정확하게 그리고자 했다. 미술사학자들은 이를 '신고전주의'라고 부른다. 유럽에서 유행했던 신고전주의는 대서양을 건너 미국으로도 확산되었다. 존 반델린_{John Vanderlyn}은 이 과정에서 중요한 역할을 담당했다.

그는 미국 역사 속 영웅을 주로 그렸다. 대표적인 작품으로는 미국 제 7대 대통령 앤드류 잭슨_{Andrew Jackson}의 초상화를 들 수 있다. 잭슨은 이른바 '성공신화'의 아버지이다. 그는 전임 대통령들과 매우 달랐다. 14살에 고아가 된 그는 대부분 독학으로 공부했다. 이런 그가 영웅이 될 수 있었던 것은 바로 전쟁 덕분이었다.

1812년 6월, 미국과 영국 사이에 전쟁이 벌어졌다. 당시 영국은 국경 지역에서 백인들을 공격하는 아메리카 원주민들을 지

병화로 읽는 전염병의 세계사

존 반델린, ≪앤드류 잭슨 장군≫, 1824년 作. 반델린은 미국의 위대한 영웅으로 앤드류 잭슨을 꼽았다.

원했다. 당시 크리크 부족은 백인들을 습격하고, 수백 명을 살해했다. 잭슨이 이끄는 연합군은 1814년 3월 27일, 호스슈벤드 전투에서 크리크 부족 1천여 명을 무찔렀다.

잭슨을 더욱 유명하게 만든 것은 '세미놀 전쟁'이었다. 이 전쟁은 플로리다에 살고 있던 세미놀 부족과 미국 사이에 벌어진 전쟁이다. 당시 잭슨은 플로리다를 침공해 세미놀 부족의 마을을 불태워버렸다. 이 과정에서 스페인 요새와 서플로리다의 또 다른 스페인 요새를 점령했다. 그의 행위는 국제적으로 논란을 초래했다. 스페인은 미국의 서플로리다 침입과 요새 점령에 이의를 제기했다. 하지만 스페인은 서플로리다를 되찾을 방법이 없었다.

그래서 1821년 스페인은 플로리다를 미국에 매각했다. 연방 정부는 보호구역을 만들어 세미놀 부족의 토지 권리를 포기시키고자 했다. 하지만 협상은 지지부진했고, 세미놀 부족이 저항할 것이라는 소문만 무성했다. 결국 전쟁이 시작되었다. 그 결과, 대부분의 아메리카 원주민들은 보호구역으로 이동했다.

전쟁 영웅으로 부상한 잭슨은 상원 의원이 되었고, 1828년 대통령 선거에서 당선되었다. 잭슨은 당시 참정권에 필요한 재산 조건을 폐지시킴으로써 가난한 사람들도 투표할 수 있도록 했다. 역사학자들은 이를 '잭슨 민주주의'라고 부른다.

미국에서는 매년 10월 둘째 주 월요일을 '콜럼버스 데이Columbus Day'로 기념하고 있다. 1492년 10월 12일에 콜럼버스가 아메리카에 도착한 것을 기념하는 행사이다. 가장 규모가 큰 행사는 뉴욕시에서 열리는 퍼레이드인데, 수만 명 이상의 사람들이 참가한다.

사실, 식민지 시대부터 많은 사람들은 '콜럼버스 데이'를 기념해왔다. 1792년에 뉴욕시를 비롯한 많은 도시들에서는 콜럼버스의 아메리카 상륙 300주년을 기념하는 행사가 성대하게 열렸다. 1905년 콜로라도 주가 최초로 '콜럼버스 데이'를 공휴일로 지정했다. 이후 1937년에 연방정부가 국가 기념일로 결정했다.

'콜럼버스 데이'는 비단 미국에만 존재하는 것이 아니다. 아르헨티나를 비롯해 콜롬비아, 베네수엘라 등 남아메리카의 여러 국가들에도 '콜럼버스 데이'가 있다. 이러한 국가들에서는 이 날을 '인종의 날'로 부르면서 유럽인과 아메리카 원주민들의 만남을 축하해왔다.

그런데 최근 미국에서는 '콜럼버스 데이'를 둘러싼 논란이 심화되고 있다. 이탈리아계 미국인들에게 대서양을 건넌 콜럼버스의 항해는 역사적으로 매우 큰 의미를 지닌다. 그래서 이를 미화시키고, 이를 통해 이탈리아계 미국인들의 정체성을 통합하고자 했다. 더 나아가 다른 민족들에 대한 우월감을 강화시키려 했다.

반면, 아메리카 원주민의 입장에서 본다면, 콜럼버스의 항해와 이후 발생했던 수많은 사건들은 매우 끔찍하고 치명적인 것이었다. 많은 학자들은 콜럼버스 일행이 아메리카에 도착한 이후 아메리카 원주민이 거의 멸종 상태였다고 주장한다. 이와 더불어 유럽인들의 침략과 약탈, 그리고 정복을 강조한다.

따라서 콜럼버스가 아메리카에 도착한 10월 12일을 '콜럼버스 데이' 대신 '아메리카 원주민의 날'로 지정하자는 주장이 제기되고 있다. 이 날은 유럽인들에게 희생된 아메리카 원주민들을 기억하고 기념하는 날이다. 실제로 미국에서도 사우스다코타 주가 10월 둘째 주 월요일을 '아메리카 원주민의 날'로 지정하기도 했다.

지금까지 많은 역사학자들은 유럽인들이 아메리카를 정복할 수 있었던 원인으로 과학기술의 발전이나 종교적 우월성 등을 강조해왔다. 그러나 실제로 가장 중요했던 요소는 바로 아프로-유라시아로부터 이동했던 전염병이었다.

아메리카 원주민들에게 천연두나 홍역 등과 같은 아프로-유라시아의 전염병은 낯선 질병이었다. 아무런 면역력이 없었던 원주민들 사이에서 전염병은 빠르게 확산되었고, 사망자 수는 급증했다. 콜럼버스가 도착한 이후 1세기가 채 지나지 않아 아메리카 원주민의 수는 90% 이상 감소했다. 그리고 이는 제국의 몰락과 식민화로 이어졌다.

1. 최초의 '팬데믹'과 갈레노스

호흡기로 전염되는 사상 최악의 바이러스가 발생했다. 치사율은 100%다. 정부는 전 세계적인 확산을 막기 위해 도시를 폐쇄하라는 명령을 내렸다. 격리된 사람들은 살아남기 위해 사투를 벌이고, 가까스로 치료 백신을 개발해 최악의 위기를 넘기게 된다. 2013년에 개봉된 영화 ≪감기≫의 내용이다.

전 세계적으로 확산되는 유행성 전염병을 '팬데믹Pandemic'이라고 부른다. '모두'를 뜻하는 그리스어 '판'과 '사람'을 뜻하는 '데모스'가 결합된 단어이다. 일반적인 전염병과의 차이점은 한 지역이나 국가에만 국한되지 않고, 대륙이나 전 지구적으로 널리 확산된다는 것이다. 그만큼 사망률과 치사율이 높다.

세계보건기구는 팬데믹을 크게 6단계로 구분하고 있다. 1단계는 인간에게 감염을 유발하는 바이러스가 아직 보고되지 않은 단계이다. 2단계는 가축들 사이에서 발생한 바이러스가 인간에게 감염을 일으킨다는 것이 알려지고, 이것이 팬데믹으로 발전할 수 있다고 보고된 상태이다. 3단계는 소수의 사람들에게 질병을 유발하지만, 아직 인간에서 인간으로 전염이 발생하지 않은 상태이다.

4단계는 공동체 단위에서 질병이 발생하고, 팬데믹으로 발전할 가능성이 높은 상태이다. 5단계는 세계보건기구에 가입한 국가들 가운데 최소 2개 이상의 국가에서 인간 사이의 전염이 발생한 상황이다. 그리고 마지막으로 6단계는 다른 국가의 공동체서도 질병이 발생한 단계로 전 지구적으로 확산될 가능성이 있는 상태를 의미한다.

지금까지 세계보건기구가 팬데믹을 선포한 유행성 전염병은 3차례였다. 1968년에 발발했던 홍콩 독감과 2009년의 신종 인플루엔자, 그리고 지금 전 세계적으로 유행하고 있는 코로나19이다.

그럼 인류 역사상 최초의 팬데믹은 어떤 질병이었을까? 많은 역사학자들은 165년~180년 에 로마 제국에서 발생했던 천연두를 언급한다. 이 시기 로마 제국을 통치했던 황제는 마르쿠스 아우렐리우스 안토니우스Marcus Aurelius Antonius였다.

　　"너라는 존재는 우주 중에서 아주 작은 부분에 지나지 않고, 네게 할당된 시간은 무한한 영겁의 시간 중에서 찰나에 지나지 않은 아주 적은 것이며, 너의 운명은 한없이 거대한 운명의 아주 작은 한 분깃일 뿐임을 늘 기억하라."

이는 아우렐리우스의 『명상록』의 한 구절이다. 『명상록』은 아우렐리우스가 제국을 통치하거나 전쟁터에 있을 때 마음속에 떠오르는 말을 기록한 것이다.

아우렐리우스가 로마를 지배했던 시기는 '팍스 로마나'의 마지막 시기였다. 그가 황제에 즉위한 직후 전쟁이 발발했다. 당시 로마 제국을 침략했던 국가는 파르티아 제국이었다. 파르티아 제국은 오늘날 이란 동북부에 해당하는 지역에 위치했던 제국이다. 중국과 로마 제국, 그리고 인도를 연결하는 중계 무역으로 부를 축적했다.

사실, 로마 제국과 파르티아 제국 사이에는 빈번하게 전쟁이 발발했다. 공화정 초기부터 로마 제국은 여러 차례에 걸쳐 파르티아 제국을 공격했지만, 패배했다. 5현제 가운데 한 사람이었던 트라야누스 황제는 동방 원정과 파르티아 제국 정복을 제국의 목표로 삼기도 했다.

161년 파르티아 제국은 오늘날 터키 동부에 해당하는 아르메니아를 정복했다. 이 지역은 114년에 트라야누스 황제가 로마의 속주로 삼은 지역이었다. 파르티아 제국은 아르메니아에 주둔한 로마 군대를 공격하고, 시리아를 약탈했다.

이에 로마 제국에서는 스타티우스 프리스쿠스_{Statius Priscus} 장군을 파견했다. 그는 아르메니아에서 파르티아 군대를 몰아냈고, 로마에 호의적인 정부를 수립했다. 셀레우키아에서도 로마군은 파르티아 군대에 승리했다.

셀레우키아는 시리아 왕국의 건국자인 셀레우코스 1세_{Seleucus 1}가 세운 도시이다. 그는 자신의 이름을 따서 이 도시를 '셀레우키아'라고 불렀다. 이 도시는 티그리스 강과 유프라테스 강에 가까웠기 때문에 강을 이용한 상업과 교역이 발달했다.

기록에 따르면, 1세기 경 셀레우키아의 인구는 60만 명 이상이었다. 당시 로마의 인구는 100만 명 정도로 추정된다. 당시 셀레우키아가 얼마나 번성했는지 짐작할 수 있다. 파르티아 제국의 영토가 된 이후에도 이 도시는 계속 상업의 중심지로 번성했다.

그런데 셀레우키아에서 전염병이 발생했다. 이는 급속하게 파르티아 군대로 확산되었다. 그리고 이들과 전쟁을 벌였던 로마 군대에도 확산되었다. 전염병은 광범위한 영토를 효율적으로 통치하기 위해 정비했던 도로를 따라 로마 제국 전역으로 널리 확산되었다.

로마 제국은 여러 도로가 제국 전체를 관통하고 있었다. 한 기록에 따르면, "도로는 브리타니아의 성벽까지 이른다. 라인 강, 도나우 강, 유프라테스 강을 따라 뻗어있으며, 제국 내부의 속주를 이어주면서 도로망을 형성"했다.

로마 제국의 도로는 약 5만 마일에 달하는 포장도로와 25만 마일의 길을 포함하고 있었다. 도로는 로마 제국의 성장에 아주 중요한 요소였다. 도로 덕분에 군대가 이동하고 물자가 교역될 수 있었다. 그리고 한 지역에서 다른 지역으로 소식이 쉽게 전달될 수 있었다.

로마 제국의 도로망은 제국을 유지하고 확대시키는 토대였다. 하지만 반대로, 이민족이 쉽게 로마를 침략하는데 도움이 되기도 했다. 그리고 도로를 통해 역사상 전례 없던 치명적인 전염병, 즉 팬데믹이 발생했다.

전염병은 165년~180년 사이에 발생했다. 당시 로마 제국에서 가장 유명했던 의사는 갈레노스Claudios Galenos였다. 그는 서양의학의 역사에 절대적인 영향을 끼친 의사였다. 해부학과 생리학, 진단법 그리고 치료법에 이르기까지 그의 영향을 받지 않은 분야가 없다. 그래서 많은 사람들은 그를 '의학의 황제'라고 불렀다.

갈레노스는 129년에 오늘날 터키에 해당하는 소아시아에 태어났다. 16살부터 의학 수업을 받았다. 로마로 유학을 떠났고, 공개적인 해부학 강연으로 유명해졌다. 이후 아우렐리우스 황제의 명으로 왕자의 주치의가 되었다.

그는 고대에 유행했던 '휴머리즘'을 믿었다. 이는 인간의 몸이 4가지 체액, 즉 혈액과 점액, 황담즙, 흑담즙으로 구성되어 있다는 주장이다. 이를 처음 주장했던 사람은 그리스 의학자 히포크라테스Hippocrates였다. 갈레노스는 이 4가지 체액들의 불균형 때문에 질병이 발생한다고 믿었다.

갈레노스의 저서는 이슬람 세계로 전파되었다. 그리고 그 지역의 의학 발전에 큰 영향을 미쳤다. 9세기 경 이슬람 의사였던 후나인 이븐 이스하크Hunayan Ibn Ishaq는 고대 그리스의 여러 저서들을 아랍어로 번역했다. 여기에는 갈레노스의 저서들도 포함되어 있었다.

11세기에 유럽과 이슬람 제국 사이에 십자군 전쟁이 발생했다. 이 전쟁은 서유럽의 여러 국가들이 예루살렘을 탈환하기 위해 벌인 전쟁이다. 하지만 단순히 종교적인 목적을 가진 전쟁으로만 국한하기 어렵다. 당시 영주나 기사들은 새로운 영토를 얻기 위해 참전했고, 상인들은 새로운 경제적 이익을 위해 전쟁을 지지했기 때문이다.

십자군 전쟁은 아프로-유라시아 여러 지역들의 정치와 종교, 그리고 문화를 변화시켰다. 전쟁에 패배하면서 교회의 권위가 약화되었고, 상대적으로 왕권은 강화되었다. 도시와 상업이 발달했다. 이슬람을 통해 동양의 상품들이 유럽으로 전파되었는데, 대표적인 것으로는 설탕을 들 수 있다.

아랍어로 번역된 갈레노스의 저서들도 다시 유럽으로 전

파되었다. 11세기 후반, 수도사 콘스탄티누스 아프리카누스 Constantinus Africanus가 이슬람 의학서를 라틴어로 번역했다. 여기에는 갈레노스의 저서들도 포함되어 있었다. 이후 근대 의학이 발전하기 전까지 갈레노스는 유럽 의학의 중심이었다.

165년에 원인을 알 수 없는 전염병이 발생했을 때 갈레노스는 이를 기록했다. 그는 이 전염병의 증상에 대해 다음과 같이 상세하게 기록했다. "이 전염병에 걸리면 열이 발생하고, 설사를 하고, 갈증이 나며, 목이 붓고, 기침을 한다."

그는 설사가 거무스름하게 보이는 것은 위장에서 출혈이 있기 때문이라고 생각했다. 또한 기침 때문에 숨을 쉴 때 악취가 난다고 기록했다. 이와 더불어 검붉은 구진이나 발진을 몸 전체에 나타나는 발진과 구별해야 한다고 썼다.

갈레노스는 발진의 일부가 딱지가 되어 떨어지면, 그 주변 부위가 1~2일 후에 회복된다고 기록했다. 전염병에 걸린 사람들은 약 2주 정도 고통스러워했다. 물론 이 질병에 걸린 사람들이 모두 사망한 것은 아니었다. 가까스로 살아남은 사람들은 면역력이 생겨 이후 다시 이 질병이 발생했을 때 걸리지 않았다. 갈레노스의 기록을 토대로 오늘날 학자들은 이 전염병이 천연두였을 것으로 추정하고 있다.

천연두는 인류 역사 속에서 아주 오래된 전염병이다. 약 3천년 전에 사망한 이집트의 파라오 람세스 5세 Ramses V의 미라에서

작자 미상, ≪시탈라 여신≫, 연대 미상. 인도의 전설에 따르면, 시바 신을 섬기던 왕의 신하들과 69명의 아이들이 천연두에 희생되었다. 시바 신은 자신 대신 시탈라 여신을 섬길 것을 왕에게 권했고, 끔찍한 전염병으로부터 사람들을 구할 수 있었다.

천연두의 흔적이 발견된다. 인도에는 천연두를 통제하면서 질병을 치유하는 여신이 있다. 바로 시탈라Sitala이다.

165년에 로마 제국에서 발생했던 천연두는 셀레우키아에서 발생했다. 이 전염병은 파르티아 군대를 거쳐 로마 제국으로 확산된 그야말로 팬데믹이었다. 로마 제국 역사가 카시우스 디오Cocceianus Dio Cassius에 따르면, 천연두가 절정에 달했을 때 로마에서만 하루에 2천 명 이상 사망했다. 로마 제국 전체 인구의 절반 이상이 천연두에 희생되었는데, 그 수는 대략 6천만 명 정도로 추정된다.

당시 로마 제국의 황제 아우렐리우스도 천연두로 사망했다. 그래서 당시 사람들은 그의 이름을 따서 이 끔찍한 전염병을 '안토니우스 역병'이라고 불렀다. 혹은 갈레노스가 이 전염병을 기록했다고 하여 '갈레노스 역병'이라고 불렀다.

천연두가 발생했을 때 로마 제국의 군대는 28개의 군단으로 구성되어 있었다. 로마 제국의 군대는 '군단'이라 부른다. 초기에는 그리스의 밀집 보병대와 크게 차이가 없었다. 하지만 다양한 전술을 습득하면서 근대 이전까지 가장 강력한 보병 집단이었다.

로마 군대의 보병대는 3개 대열로 편성되었다. 하스타티와 프린키페스, 그리고 트리아리이이다. 하스타티는 전투 대형에서 맨 앞에 있는 전위부대를 의미한다. 프린키페스는 두 번째 대열의 창병이다. 그리고 트리아리이는 갑옷을 입고 방패를 든 세 번째 전열을 뜻한다.

로마 군대의 기본은 100명으로 구성된 백인대였다. 6개의 백인대가 전술 단위인 대대를 형성했고, 10개의 대대가 모여 전략 단위인 군단을 형성했다. 여기에 기병과 보조병이 파견 형태로 편성되어 있다.

하스타티와 프린키페스는 120명 단위로 모두 1,200명씩 구성되어 있다. 그리고 트리아리이는 60명 단위로 총 600명으로 구성되었다. 따라서 1개 군단은 대략 3천 명 이내로 구성되었다. 천연두가 만연했을 때 로마 군대의 병력은 15만 명 정도로 추정된다.

팬데믹은 군대에 치명적인 영향을 미쳤다. 잘 훈련 받은 무장한 남성들 역시 천연두를 피하지는 못했다. 천연두에 걸린 병사들의 수가 급증하자 제국을 수비하는데 큰 문제가 발생했다. 특히 갈리아 지방의 변경을 수비하는 병력을 보급하는데 차질이 발생했다.

결국 아우렐리우스 황제는 신분에 상관없이 건강한 신체를 가진 사람이면 누구나 군대에 입대할 수 있도록 했다. 과거에 프린키페스나 트리아리이는 창이나 갑옷, 방패 등을 구매해야 했기 때문에 경제적 능력이 있는 사람들로 구성되었다. 하지만 이제 해방노예나 게르만족, 심지어 범죄자들도 군인이 될 수 있었다.

군대로 착출된 또 다른 사람으로는 검투사를 들 수 있다. 검투사는 투기장에서 싸우는 전사이다. 고대 로마의 구경거리 가운데 한 가지였다.

검투사의 기원에 대해서는 정확하게 알려지지 않았다. 하지만 기록에 따르면, 가장 오래된 검투사 시합은 기원전 264년 마르쿠스 유니우스 브루투스Marcus Junius Brutus 형제가 아버지의 장례식 때 보아리움 광장에서 벌인 것이라고 한다.『로마 건국사 History of Rome』를 집필했던 고대 로마의 역사가 티투스 리비우스Titus Livius는 기원전 174년에 벌어졌던 74명의 검투사 경기가 주목할 만했다고 기록했다.

초기에는 주로 추도를 목적으로 열렸지만, 점차 그 목적이 변질되면서 구경거리로 시행되었다. 특히 시민들을 위한 '빵과 서커스' 정책 이벤트로 행해지기 시작했다.

로마 제국의 영토가 확대되면서 식민지로부터 수많은 전쟁

포로들이 유입되었다. 이들은 검투사로 활약했다. 80년에 5만 명 정도를 수용할 수 있는 콜로세움이 완성되면서 대규모의 검투사 시합이 열렸다.

당시 기록에 의하면, 검투사 시합 때문에 하루에 5천 마리 이상의 맹수가 죽었다고 한다. 이렇게 시민들의 큰 오락거리였던 검투사 시합이 검투사의 군대 착출로 감소함에 따라 로마 시민들의 불만은 점차 급증했다. 이후 이에 비판적인 기독교의 영향으로 검투사 시합은 681년에 공식적으로 금지되었다.

검투사보다 더 큰 문제는 로마 제국의 수입이 감소했다는 사실이다. 팬데믹 때문에 세금 납부자의 수가 감소함에 따라 제국은 심각한 재정 적자에 직면했다. 토지를 경작할 노동력도 부족했다. 설사 노동력이 있다 하더라도, 세금이나 기타 문제들 때문에 대부분의 토지는 황폐화된 채 방치되었다.

이는 자연스럽게 곡물 생산량 감소로 이어졌다. 그 결과, 곡물 가격이 급등했고, 인플레이션이 발생했다. 상업과 교역에서도 마찬가지였다. 천연두 때문에 상인이나 장인들의 수가 감소했다. 국내 및 국제 교역은 심각하게 파괴되었다.

'안토니우스 역병'이라 불렸던 천연두는 단순히 로마 제국의 인구만 감소시키지 않았다. 이 치명적인 전염병은 제국의 군대와 경제까지 마비시켰다. 아우렐리우스 황제의 통치 이후 5현

장 레옹 제롬(Jean-Léon Gérôme), 《엄지를 아래로》, 1872년 作. 프랑스 역사화가 장 레옹 제롬은 신고전주의로부터 많은 영향을 받았다. 그래서 정확하고 정교한 그림을 주로 그렸다. 그는 고전 이야기에 관심이 많았는데, 《엄지를 아래로》는 시합에서 이긴 검투사에게 열광하는 로마 시민들의 모습을 부드러운 붓터치로 세밀하게 그린 그림이다.

제의 통치는 막을 내리고, 로마 제국은 점차 몰락하기 시작했다. 물론 이후 등장한 황제들의 실정이 중요한 원인이었다. 하지만 165년에 발생했던 팬데믹이 이와 같은 현상이 발생하게 된 계기였다.

18세기 영국 역사가 역사가 에드워드 기번Edward Gibbon은 『로마 제국 쇠망사 The History of the Decline and Fall of the Roman Empire』를 집필했다. 그는 541년에 발생했던 유스티니아누스 역병이 초래한 기근이 로마 제국에 닥친 재앙을 살펴보는 또 다른 요소가 되어야 한다고 주장했다. 비록 그가 안토니우스 역병에는 별다른 관심을 가지지 않았지만, 이 시기에 발생한 팬데믹은 로마 제국에 재앙을 초래했다.

2. 아메리카 제국의 몰락과 생화학 무기

1972년 4월 10일, 영국은 특별한 법안 초안을 제시했다. 바로 생물 무기로 사용될 수 있는 박테리아나 바이러스, 독소 등의 개발과 저장, 획득, 생산, 이전 등을 철저하게 금지하는 내용의 법안이었다.

이 법안의 목표는 협상 당사국이 각기 보유하고 있는 생물 무기의 완전 폐기였다. 1975년 3월 26일에 22개국이 비준하여 발효되었다. 바로 '생화학 무기의 개발, 생산 및 비축의 금지와 그 폐기에 관한 협약Convention on the Prohibition of the Development Production and Stockpiling of Bacteriological(Biological) and Toxin Weapons and on Their Destruction, BWC'이다. 2019년 8월까지 183개 국가가 가입했으며, 우리나라는 북한과 함께 1987년에 가입했다.

생화학 무기는 인류 역사 속에서 빈번하게 등장했다. 대표적인 생화학 무기로는 독가스를 들 수 있다.

"어떤 방법으로 죽던지 죽음은 죽음일 뿐이다. 총을 맞고 피를 흘리면서 서서히 죽는 것과 독가스에 질식해서 빨리 죽는 것이 과연 무엇이 다른가?"이 말은 독일 화학자 프리츠 하버Fritz Haber가 했던 말로 유명하다. 그는 공기 중의 질소로 암모니아NH₃를 합성하는 방법을 발견한 공로로 1918년에 노벨 화학상을 수상했다. 흔히 '하버-보쉬법Haber-Bosch Process'이라 불리는 과정은 질소와 수소를 1:3의 비율로 반응시켜 암모니아 기체를 만드는 방법이다.

20세기 초 전 세계적으로 인구는 기하급수적으로 증가했지만, 식량 생산량은 이를 따라잡지 못했다. 이와 같은 상황에 대해 당시 영국 경제학자 토머스 맬서스Thomas Robert Malthus는 "인구는 기하급수적으로 증가하지만, 식량은 산술급수적으로 증가한다"고 주장했다. 그래서 당시 유럽을 비롯해 전 세계의 관심은 식량 생산량 증가였다.

일반적으로 식량 생산량은 토양의 질소 양에 따라 결정된다. 질소는 상대적으로 매우 안정적인 물질이다. 번개가 칠 때 이를 통해 토양에 질소가 스며들 수 있다. 혹은 질소가 풍부한 콩과 식물을 심거나 반년 정도 농경을 쉬는 휴경지 재배법 등으로 토양에 질소를 공급한다.

그런데 하버-보쉬법을 발견한 이후 그야말로 혁명이 발생했다. 공기 중 질소로 암모니아를 합성하고, 이를 화학 비료의 원료로 사용했기 때문이다. 질소는 공기 중 78% 정도를 차지할 정도로 풍부하다. 따라서 질소를 활용한 화학 비료의 발명은 인류 역사의 분수령이었다.

그 결과, 식량 생산량은 기하급수적으로 증가했다. 수많은 사람들이 하버 덕분에 기아에서 벗어날 수 있었다. 그런데 1914년, 식민지를 둘러싸고 제 1차 세계대전이 발발했다. 이를 계기로 하버는 치명적인 전쟁 무기를 개발하는데 관심을 가지기 시작했다.

제 1차 세계대전이 시작되면서 프랑스군이나 독일군은 모두 최루가스를 담은 수류탄을 사용했다. 당시 최루가스의 효과는 크지 않았다. 하지만 전쟁이 길어지면서 화학무기의 사용은 더욱 빈번해졌다.

이 시기에 하버가 관심을 가진 것은 독가스였다. 그는 인체에 치명적인 염소 기체를 이용해 독가스를 만들었다. 1915년 4월 22일, 독일군은 168톤의 염소 독가스를 프랑스군을 향해 방출했다. 참호에 있던 일부 군인들은 그 자리에서 즉사했다. 그리고 나머지 군인들은 참호를 버리고 후퇴했다. 이는 인류 역사상 최초의 독가스전이었다. 이로 인해 연합군 3백 명 이상이 사망하거나 부상당했고, 7천 명 이상이 급성중독으로 고통을 받았다.

원자번호 17번에 해당하는 염소Cl는 양면성이 가장 두드러지는 원소이다. 대부분의 생명체가 유지되기 위해서는 염소가 필요하다. 또한 용매나 화학 약품을 제조하는데 요긴하게 사용된다. 하지만 제1차 세계대전 당시 독일군이 사용했던 독가스처럼 수많은 사람들의 생명을 위협하기도 한다. 당시 염소 독가스는 타는 듯한 고통을 유발하면서 피부와 눈을 손상시켰다. 독가스가 폐로 들어간 경우, 물과 반응해 염산을 형성하면서 폐를 파괴한다.

독일의 독가스 공격에 대응하기 위해 영국과 프랑스는 염소 기체보다 더욱 강력한 독가스를 개발했다. 바로 포스겐Phosgene, CCl2O이었다. 포스겐 분자는 1개의 탄소와 1개의 산소, 그리고 2개의 염소로 구성되어 있다. 화학 작용제로 주로 사용되는데, 독성이 강하며, 흡입 후 서서히 퍼지는 것이 특징이다.

특히 색이 없고, 냄새도 거의 없다. 따라서 이를 탐지하는 것이 상당히 어려웠다. 염소 기체와 마찬가지로 폐에서 염산을 형성해 폐를 파괴시킨다. 포스겐은 제1차 세계대전 기간 동안 가장 많이 사용된 독가스였다. 이로 인해 사망한 사람들의 수는 무려 8만 명 이상으로 추정된다.

그런데 이보다 더 치명적인 생화학 무기가 이미 16세기 초에 존재했다. 1492년에 이탈리아 탐험가 크리스토퍼 콜럼버스가 아메리카에 도착하기 전, 아메리카에서 가장 거대한 제국은 잉카 제국이었다. 이 제국은 13세기 초 페루의 한 고원에서 시작되었다. 점차 영토를 넓혀 오늘날 에콰도르와 페루, 볼리비아 북부 지역 등 안데스 고원지대를 지배했다.

잉카 제국 역시 넓은 영토를 효율적으로 통치하고 연결하기 위해 도로를 건설했다. 해발 500m 이상의 고원에 건설된 다리를 통해 도로를 연결했다. 이 도로는 '잉카 왕도'라고 불린다. 이 도로를 통해 황제는 여러 지방으로부터 산물을 거두고, 정보를 수집했으며, 활발한 정복 전쟁을 벌였다.

잉카 제국의 건축 기술은 비단 도로에만 국한되지 않았다. 오늘날 페루 중남부에 위치한 마추픽추는 유네스코 세계유산이자 세계 7대 불가사의 가운데 하나이다. 1911년 미국 고고학자 히람 빙엄Hiram Bingham이 발견했다. 해발 2천 미터 이상의 높은 산맥에 위치한 마추픽추는 아직까지 어떤 용도로 건설된 것인지 정확하게 밝혀지지 않았다. 많은 학자들은 황제의 은신처였을 것이라고 추정하고 있다.

잉카인들은 20톤 이상의 돌들을 수십 킬로미터 이상 떨어진 이곳으로 옮겨왔다. 그리고 신전과 집을 지었다. 면도날도 들어갈 틈이 없을 정도로 정교하게 쌓인 돌들은 당시 잉카 문명의 높은 수준을 잘 보여준다.

오늘날 페루 남부에 위치한 쿠스코는 이 거대한 제국의 수도였다. 잉카의 신화에 따르면, 태양의 신 인티Inti가 티티카카 호에서 만코 카팍Manco Capac을 탄생시켰다. 만코 카팍이 황금 지팡이로 땅을 두드리자 땅이 열렸다. 그는 그 자리에 쿠스코를 건

신화로 읽는 신대륙의 세계사

설했다. 그리고 만코 카팍은 잉카 제국의 초대 황제가 되었다.

쿠스코는 잉카 제국의 공식 언어인 케추아어로 '세계의 배꼽' 이라는 의미를 가지고 있다. 당시 잉카인들은 하늘은 독수리, 땅은 퓨마, 그리고 땅 속은 뱀이 지배한다고 믿었다. 이와 같은 세계관을 반영한 듯 쿠스코는 도시 전체가 퓨마 모양이다. 쿠스코의 성벽은 금을 입혔고, 정원의 조각상은 수많은 보석으로 장식했다. 잉카 제국의 이러한 부유함과 화려함은 대서양을 건너 유럽으로까지 전해졌다.

15세기 말 유럽에는 아메리카 어디엔가 황금의 나라인 '엘도라도'가 있다는 소문이 만연했다. 스페인 탐험가 바스코 발보아 Vasco Nuñez de Balboa는 1513년에 파나마 해협을 횡단했다. 그는 유럽인으로는 처음으로 태평양을 발견했다. 하지만 당시 그는 이 바다가 어디인지 몰랐다. 이후 포르투갈 선장 페르디난드 마젤란 Ferdinand Magellan이 넓고 고요한 이 바다를 '태평양'이라고 불렀다.

엘도라도에 대한 소문을 들은 발보아는 스페인에 군사 파견을 요청했다. 그리고 대규모의 원정대가 조직되었다. 바로 '발보아 원정대'이다. 이 원정대에는 모험을 좋아했던 한 사생아가 참여했다. 아버지가 군인이었지만, 어머니가 천민이었기 때문에 어려운 생활을 했던 그는 새로운 도전을 위해 아메리카로 건너갔다. 발보아가 누명을 쓰고 처형당한 이후 그는 발보아의 후계자가 되었다.

그는 잉카 제국에 대한 정보를 수집하면서 남아메리카를 계속 탐험했다. 이 탐험에서 한쪽 눈을 실명하기도 했다. 결국 잉카 제국의 존재를 확인했다. 1531년에 그는 스페인 국왕에게 엄청난 양의 금과 은을 약속하고 다시 원정을 떠났다. 바로 프란시스코 피사로Francisco Pizarro였다.

피사로가 잉카 제국에 도착했을 때 우아이나 카팍Huayna Capac 황제가 사망하고, 황제 자리를 둘러싸고 형제간에 분쟁이 발생했다. 원래 후계자는 큰아들인 니난 쿠요치Ninan Cuyochi였으나, 질병으로 사망했다. 그래서 그를 대신해 우아스카르Huáscar가 13대 잉카로 즉위했다.

기록에 따르면, 우아스카르는 상당히 난폭하고, 욕심이 많았다. 이에 불만을 가진 우아이나 카팍의 서자 아타우알파Atahualpa가 반란을 일으켰다. 형제간의 전쟁은 5년 동안 계속 되었다. 우아스카르를 따르던 군대는 아타우알파의 군대에 결국 패했다. 그리고 그는 황제의 자리에서 쫓겨나 감옥에 구금되었다. 아타우알파는 14대 잉카로 즉위했다.

피사로는 전쟁에서 승리한 아타우알파를 카하마르카에서 만났다. 당시 피사로는 180명 정도의 스페인 병사들을 이끌고 잉카 제국에 도착했다. 이 시기 잉카 제국의 인구는 6~7백 만 명에 달했고, 아타우알파의 군대는 8만 명 이상이었다. 규모 면에

존 에버렛 밀레이(John Everett Millais), ≪잉카를 포로로 잡은 피사로≫, 1846년 作. 존 에버렛 밀레이는 사실적이고 자연스러운 화풍을 강조하면서 중세로의 동경을 내세웠던 '라파엘 전파'를 창립했다. 그는 자연의 모방과 재현과 더불어 역사 회화를 예술의 주된 목적으로 내세웠다. ≪잉카를 포로로 잡은 피사로≫는 밝은 색채를 주로 사용했던 그의 그림이 가진 특징을 잘 보여주고 있다.

서 잉카 제국이 훨씬 우월하다고 생각했던 아타우알파는 6천 명의 군대를 거느리고 피사로를 만났다.

피사로는 그에게 기독교로의 개종을 권유했다. 하지만 황제가 이를 거부하자 전투가 발생했다. 잉카 제국의 엄청난 병력에도 불구하고, 스페인 군대의 대포와 기병을 감당하지 못했다. 결국 피사로는 황제를 인질로 사로잡았다.

아타우알파는 자신이 감금된 방을 가득 채울 정도의 금과 은을 주겠다고 약속한 후에 석방되었다. 하지만 1533년 피사로는 스페인 국왕에 대한 반역죄로 아타우알파를 처형했다. 그리고 그의 군대는 별다른 전투 없이 쿠스코와 잉카 제국을 점령했다.

스페인은 2백 명이 채 되지 않는 소수 병력으로 6만 명 이상의 잉카 제국의 군대를 물리쳤다. 이에 대해 지금까지 많은 역사학자들은 유럽 과학기술의 우월성을 강조해왔다.

당시 피사로의 군대는 화승총을 가지고 있었다. 화승총은 15세기에 유럽에서 발명되었다. 화약과 탄환을 장전한 후 불이 붙은 화승을 가져다댄다. 그러면 화약이 점화되어 탄환이 발사하는 원리를 이용한 것이다. 초기에는 삼각대 위에 두고 발사하도록 설계되었지만, 점차 개인이 소지할 수 있도록 개량되었다. 최대 사정 거리는 약 1천 미터에 달했다. 이와 더불어 철제 갑옷과 투구를 소지했다. 이에 반해 잉카 제국 군대의 무기는 창이나 도끼가 대부분이었다.

하지만 스페인 군대가 잉카 제국을 정복할 수 있었던 강력한 무기는 화승총이 아닌 다른 것이었다. 바로 당시 유럽인들 사이에서 만연했던 전염병이었다.

인류 역사 속에서 농경이 시작된 것은 약 1만 년 전으로 추정된다. 가장 먼저 농경이 시작된 곳은 오늘날 메소포타미아 지역의 비옥한 초승달 지역이었다. 이 지역에서는 밀을 재배하고, 돼지나 말 등의 가축을 길들였다. 인간에게 더 많은 생산물을 줄 수 있는 종들을 선택적으로 골라서 기르기 시작한 것이다.

농경이 시작된 이후 나타난 변화 가운데 한 가지는 생산물 증가에 따른 급속한 인구 증가이다. 인구가 밀집한 지역에서는 다양한 전염병이 발생했다. 이러한 전염병은 때로는 팬데믹으로 발전하기도 했다. 하지만 살아남은 사람들은 치명적인 유행성 전염병에 대해 면역력을 가지게 되었다.

아메리카는 아프로-유라시아에 비해 인구가 희박했다. 이는 남북으로 길게 뻗은 아메리카의 지형과도 밀접한 관련성이 있다. 아메리카는 아프로-유라시아에 비해 작물화에 시간이 오래 걸렸다. 그리고 수렵채집 시대에 말과 같은 대형동물이 멸종했기 때문에 농경이 발전하는데 오랜 시간이 걸렸다.

특히 고원 지대에서 발전했던 잉카 제국은 다른 민족이나 국가들과의 접촉이 많지 않았다. 따라서 유럽인들과 비교했을 때

상대적으로 전염병에 대한 면역력이 매우 낮았다.

16세기 초, 스페인 군대가 잉카 제국에 도착하면서 이곳에는 천연두가 만연했다. 그리고 한 세기가 채 지나지 않아 잉카 제국의 인구는 1/4로 급격하게 감소했다. 의도하지는 않았지만 천연두가 생화학 무기로 사용되었던 것이다. 그리고 이는 결국 제국의 몰락을 초래했다.

잉카 제국에 만연했던 천연두는 당시 테노치티틀란에서부터 중앙아메리카를 거쳐 확산된 것이었다. 오늘날 멕시코 중앙 고원지역에는 천문과 역법이 아주 발달했던 아즈텍 제국이 존재했다.

이들은 최고신인 오메테오틀Ometeotl이 태양으로 변해 세상의 변화와 갈등, 그리고 진화를 가져다준다고 믿었다. 따라서 태양이 소멸하고 우주가 멸망하는 것을 막기 위해 인간의 심장과 피를 신에게 제물로 바치는 관습이 존재했다. 제물을 바치기 위해 끊임없이 정복 전쟁을 벌였다. 그리고 이를 위해 강력한 군대를 조직했다. 기록에 따르면, 아즈텍 제국에서 매년 제물로 바쳤던 포로들이 2만 명 이상이었다.

이 지역에서는 기원전부터 케찰코아틀Quetzalcoatl이라는 신의 존재를 믿었다. 신화에 따르면, 현재의 세계가 만들어지기 전까지 총 3번에 걸쳐 세상이 만들어졌다. 그 중 두 번이 바로 케찰코아틀에 의해 만들어졌다.

디에고 리베라(Diego Rivera), 《위대한 도시, 테노치티틀란》, 1945년
作. 디에고 리베라는 멕시코 원주민 문화에 많은 관심을 가지고 있었다.
그는 오랫동안 유럽과 미국의 지배를 받았던 멕시코 사람들의 고통을 작
품 주제로 삼았다. 멕시코 원주민의 주술이나 신화, 역사 등을 주제로 벽
화를 주로 그렸는데, 《위대한 도시, 테노치티틀란》 역시 멕시코에 대
한 그의 애정을 엿볼 수 있는 그림이다.

케찰코아틀은 주로 녹색 깃털을 단 뱀의 모습을 하고 있다. 하지만 인간의 모습으로 환생하는 경우, 흰 피부에 검은 머리카락을 가진 모습으로 나타난다고 믿었다. 케찰코아틀은 세상과 인간을 창조했고, 이 지역의 가장 중요한 식량이었던 옥수수를 창조했다.

1519년에 5백 여 명의 스페인 병사들을 이끌고 에르난 코르테스Hernan Cortes가 아즈텍 제국에 도착했다. 당시 황제였던 몬테수마 2세Montezuma II를 비롯해 수많은 사람들은 유럽인들의 외모를 보고, 신의 환생이라고 생각했다.

아즈텍 제국 군대의 호위를 받으면서 코르테스와 병사들은 수도인 테노치티틀란에 도착했다. 이들은 제국의 엄청난 부에 깜짝 놀랐다. 당시 이들의 가장 중요한 목표는 많은 금과 은을 스페인으로 가져가는 것이었다. 따라서 이들은 황제를 포로로 삼고, 그 대가로 금을 요구했다. 이와 더불어 기독교로의 개종을 요구했다.

스페인 군대의 이와 같은 지나친 요구에 아즈텍 제국의 백성들은 분노했다. 그래서 왕국을 포위했다. 코르테스의 협박에 못 이긴 몬테수마 2세는 백성들에게 해산할 것을 요구했지만, 화가 난 백성들은 황제에게 돌을 집어 던졌다. 어이없게도 몬테수마 2세는 이 돌에 맞아 죽었다.

황제가 죽는 모습을 본 코르테스와 스페인 군대는 급히 피신했다. 이들은 멕시코시티에서 1백 킬로미터 정도 떨어진 틀락스칼라로 후퇴했다. 그리고 연합군을 형성해 다시 테노치티틀란을 공격했다. 결국 아즈텍 제국은 스페인 군대에 의해 몰락했다. 당시 스페인 군대는 화승총이나 대포 등과 같은 근대식 무기를 가지고 있다.

하지만 막대한 부와 인구를 가진 아즈텍 제국을 정복시킨 것은 이와 같은 근대식 무기가 아니라 천연두였다. 스페인 군대와 함께 천연두는 아메리카로 이동했다. 이는 아메리카 원주민들이 처음 경험하는 끔찍한 전염병이었다. 천연두와 그 합병증으로 인해 아즈텍 제국 전체 인구의 3/4이 감소했다. 그야말로 엄청난 위력을 지닌 생화학 무기가 아닐 수 없다.

15세기 말, 콜럼버스가 아메리카에 도착한 이후 수많은 유럽인들이 아메리카로 이동했다. 이들 가운데 어떤 사람들은 사탕수수나 담배 플랜테이션 농장을 건설했다. 그리고 노예 노동력을 착취해 부를 얻고자 했다. 또 어떤 사람들은 코르테스나 피사로처럼 아메리카 제국의 막대한 부를 가로채기 위해 무력을 동반했다.

이들이 의도하지 않았지만, 지난 수천 년 동안 아프로-유라시아에서 빈번하게 발생했던 유행성 전염병도 함께 이동했다. 이러한 전염병은 아즈텍 제국이나 잉카 제국을 비롯해 아메리카 원주민들에게 아주 낯선 전염병이었다. 콜럼버스가 도착하기 이전에 아메리카에서는 이와 같은 전염병이 발생한 적이 없었기 때문이다. 따라서 수많은 아메리카 원주민들은 면역력이 전혀 없었다.

결국 이들은 콜럼버스가 도착한 지 한 세기가 되지 않아 대부분 멸종했다. 아메리카가 유럽의 식민지로 전락할 수 있었던 것은 바로 치명적인 생화학 무기 덕분에 가능한 것이었다.

3. 종두법과 최초의 백신

인류 역사 속에서 천연두는 끔찍한 유행성 전염병이었다. 이 전염병으로 인해 수많은 사람들이 목숨을 잃었다. 가까스로 살아남은 사람들에게도 전염병으로부터 완전히 벗어날 수는 없었다.

천연두에 걸리면 고열과 더불어 온 몸에 발진이 나타난다. 시간이 지나면 고름이 생기고, 딱지가 생긴다. 그리고 떨어지면서 움푹 팬 흉터가 남게 된다. 일명 '곰보자국'이라고 부르는 흉터이다. 목숨을 부지한 사람들조차 흉한 상처 때문에 좌절하는 사람들이 부지기수였다.

흔히 못생긴 여성을 가리켜 '박색薄色'이라고 부른다. 천연두로 인해 발생한 '얽은 얼굴'은 '박색雹色'이라고 쓴다. 많은 학자

작자 미상, ≪마마배송굿≫, 연도 미상. 천연두에 걸렸을 때 목숨을 잃지 않고, 곰보자국이 남지 않도록 기원하는 굿이다. 이는 주로 제주도에서 행했던 무속의례였다. 제주도 이외의 다른 지역들에서는 손님굿을 지냈다. 이는 인간이 신을 어떻게 섬기느냐에 따라 전염병의 유무가 결정된다고 믿었던 우리나라 민중 신앙을 잘 보여준다.

들은 못생긴 여성을 이르난 말이 천연두에서 유래되었다고 생각한다.

그래서 우리나라를 비롯해 여러 나라에서는 천연두를 무조건 섬겨야 하는 신처럼 대했다. 천연두는 흔히 '마마媽媽'이라고 불렀다. 오늘날처럼 의학이 발달하지 못했던 시기에 많은 사람들은 마마신媽媽神이 찾아오기 때문에 천연두에 걸린다고 믿었다. 그래서 천연두를 아직 앓지 않은 어린 아이가 있는 집에서는 마마배송굿을 지냈다.

과학적인 방식으로 천연두를 예방하려는 노력은 18세기 영국에서 시작되었다. 기록에 따르면, 18세기 초 영국 시인 메리 몬터규Mary Wortley Montagu는 투르크 대사가 된 남편을 따라 이스탄불로 이주했다. 그녀는 그곳에서 신기한 광경을 목격했다. 사람들이 팔에 상처를 내고, 천연두에 걸린 사람의 고름을 집어넣은 다음, 호두 껍질로 문지르는 것이었다. 당시 투르크 사람들은 이 방법으로 천연두를 전염병을 예방했다.

메리는 이와 같은 내용을 영국 왕실에 전달했다. 효과가 입증되지 않았기 때문에 처음에는 주로 범죄자나 빈민을 대상으로 인두법이 시행되었다. 인두법의 효과가 입증되자 차츰 확산되기 시작했다. 하지만 당시에는 인두 접종을 받다가 오히려 천연두에 걸려 사망하는 사람들도 빈번하게 발생했다.

당시 영국에서는 일종의 속설이 떠돌았다. 바로 소젖을 짜는 여성들은 천연두에 걸리지 않는다는 것이었다. 런던에서 외과학과 해부학을 공부하고 돌아온 의사 에드워드 제너Edward Jenner도 이 이야기를 들었다.

그는 소와 접촉하면 우두를 앓은 사람이 천연두에 면역력을 가지게 될 것이라는 가설을 세웠다. 우두는 천연두를 유발하는 두창 바이러스smallpox virus에 가까운 우두 바이러스cowpox virus 때문에 발생하는 전염병이다. 쉽게 말해, 젖소의 유두나 유방에 생기는 천연두이다. 소젖을 짜는 사람은 이를 통해 천연두에 대해 면역력을 가지게 된다.

1796년 5월 14일, 제너는 최초의 우두법 실험을 시행했다. 그는 제임스 피프스James Phipps라는 8살 소년의 양팔에 상처를 냈다. 그리고 사라 넬메스Sarah Nelmes라는 여성으로부터 채취한 고름을 주입했다. 그의 가설처럼 그녀는 소젖을 짜는 여성이었다. 당시에는 오늘날처럼 주사기가 없었기 때문에 제너는 나뭇조각에 고름을 묻혀 상처 부위에 문질렀다.

얼마 후 소년은 우두 증세를 보였지만, 이내 회복되었다. 회복된 소년에게 제너는 다시 천연두를 주입했는데, 아무런 반응을 보이지 않았다. 이를 통해 그는 우두가 천연두를 예방하는데 효과가 있다는 사실을 실제로 입증했다. 이후 제너는 23명을 대상으로 우두 접종 실험을 시행했다. 그리고 그 결과를 논문으로 작성해 왕립학회에 제출했다.

일부 사람들은 제너의 우두법을 반대하기도 했다. 당시 사람들은 천연두를 비롯한 치명적인 유행성 전염병을 하느님이 인간에게 내리

제임스 노스코트(James Northcote), ≪에드워드 제너 초상화≫, 1803년 作. 제임스 노스코트는 영국 초상화가로서 18세기 영국 사회에 상당한 영향을 미쳤던 조슈아 레이놀즈 경 문하에서 초상화 수업을 듣고, 그림을 그리기 시작했다.

는 벌이라고 생각했기 때문이다. 우두를 접종하면 소로 변한다는 소문도 퍼졌다. 오늘날처럼 위생 개념이 발달하지 않았기 때문에 우두를 접종했을 때 부작용이 발생했던 경우도 있었다.

18세기 유럽에서 천연두로 인한 사망자 수는 6천 만 명 이상이었다. 결국 많은 사람들은 목숨을 잃거나 곰보자국을 남기는 것보다 우두법을 선택할 수밖에 없었다. 이제 제너의 우두법은 영국을 넘어 전 세계로 급속하게 확산되었다. 그는 우두 접종 실험 결과를 논문으로 작성할 때 우두를 라틴어인 'Variolae vaccinae'라고 표기했다. 오늘날 예방접종을 의미하는 '백신'은 바로 여기에서 유래한 것이다.

1806년 5월 14일, 미국 제 3대 대통령이었던 토머스 제퍼슨Thomas Jefferson은 제너에게 다음과 같은 편지를 썼다.

"귀하가 보내주신 백신 접종 발견과 관련된 증거 사본을 받았습니다. 기꺼이 보내 주셔서 감사합니다. 나는 일찍이 자국민들에게 이를 추천했습니다. 나는 온 인류의 가족을 대신해 귀하에게 감사 인사를 전합니다. 의학에서 이와 같은 유용성이 개선된 적은 한 번도 없었습니다... 귀하는 인류의 고난의 달력에서 가장 큰 것 가운데 한 가지를 지웠습니다. 인류는 귀하의 존재를 영원히 기억할 것입니다. 미래의 후손들은 역사 속에서 천연두라는 끔찍한 질병이 존재했고, 귀하가 이를 박멸시켰다는 것을 잊지 않을 것입니다."

제너의 우두법이 인류 역사 속에서 얼마나 중요한 의미를 가지는지 잘 보여주는 편지이다.

제너의 우두법이 영향을 미친 것은 비단 유럽과 아메리카뿐만이 아니었다. 1879년 우리나라에서도 치명적인 천연두가 발생했다. 당시 왕세자였던 순종純宗도 천연두에 걸렸다가 기적적으로 완치되기도 했다.

이 시기 한의사였던 지석영池錫永은 종두법에 관심이 많았다. 그의 스승이었던 박영선朴永善은 수신사로 일본에 방문했다가 종두법을 배웠다. 그리고 이와 관련된 『종두귀감種痘龜鑑』이라는 책을 가지고 돌아왔다. 그는 자신이 배운 종두법과 책의 내용을 제자들에게 강의했다. 이 강의로부터 많은 영향을 받은 사람이 바로 지석영이었다.

그는 부산의 일본 거류민들을 치료하던 제생의원濟生醫院 원장이 우두법을 알고 있다는 소식을 들었다. 제생의원은 부산에 일본이 세운 근대식 병원이었다. 그는 그곳에서 우두법을 배웠고, 서양의학을 접하게 되었다.

지석영은 자신의 처남에게 처음으로 우두를 접종했다. 소로부터 추출한 면역물질이자 우두의 원료가 되는 두묘痘苗와 침을 이용했다. 그리고 같은 마을에 사는 어린 아이들에게도 우두를 접종했다. 결과는 성공적이었다. 하지만 두묘의 양이 제한적이었기 때문에 1880년 수신사의 일행으로 일본을 방문했다. 그는 그 곳에서 두묘 제조기술을 습득했다. 이후 서울에 종두장을 설립하고, 우두 접종을 시행했다.

지석영이 우리나라에서 천연두를 예방하고자 했던 최초의 인물은 아니다. 면역을 통해 천연두를 예방하려는 방법은 크게 종두법과 우두법, 두 가지로 구분할 수 있다.

일부 학자들에 따르면, 종두법의 기원은 기원전 1세기경으로까지 거슬러 올라간다. 오래 전부터 중국이나 인도의 의사들은 천연두에 걸렸다가 살아난 사람들은 다시 천연두에 걸리지 않는다는 사실을 알고 있었다. 이들은 약하게 천연두를 앓으면, 나중에 심각한 천연두를 예방할 수 있을 것이라고 생각했다. 그래서 천연두 환자의 고름에서 생긴 딱지를 가루로 만든 다음, 이를 콧구멍 속에 불어 넣었다.

우리나라에서 이와 같은 방법을 처음 시행한 사람은 조선 후기 실학자 다산 정약용茶山 丁若鏞이었다. 그도 어렸을 때 천연두를 앓아 눈썹 주변에 흉터가 있었다. 이 때문에 눈썹이 3개라는 뜻을 가진 '삼미자三眉子'라는 별명을 가지고 있었다. 뿐만 아니라 9명의 자녀 가운데 5명을 천연두로 잃었다.

정약용이 집필한 저서 가운데『마과회통麻科會通』은 7편 6책으로 구성된 천연두와 홍역에 대한 저서이다. 제 4편에서 그는 홍역과 구별하기 어려운 천연두에 대해 상세하게 기록했다. 그리고 책의 뒷부분에는 영국에서 발명된 우두법의 내용과 방법, 그 효과에 대해 기록했다. 우리나라에서도 천연두는 오랫동안 치명적인 영향을 미쳤던 유행성 전염병이었던 것이다.

1823년에 영국 외과의사 토머스 웰클리Thomas Wakley는 '정보를 알리고, 개혁하고, 즐기자to inform, to reform, and to entertain'이라는 비전 아래 세계적인 의학 저널『란셋Lancet』을 창간했다. 종양학인 신경과, 전염병 등의 분야에 특화된 저널이다.

1999년 9월 11일, 이 저널에 충격적인 논문이 한 편 게재되었다. "MMR vaccination and autism(MMR 백신과 자폐증)"이라는 제목의 논문이다. 논문 저자인 영국 의사 앤드류 웨이크필드Andrew Wakefield는 홍역Measles, 볼거리Mumps, 풍진Rubella을 동시에 예방하는 혼합백신인 MMR 백신을 맞은 어린아이 12명 가운데 8명이 자폐 진단을 받았다고 주장했다.

그런데 조사 결과, 그가 자폐증에 걸린 소년 11명과 소녀 1명만을 대상으로 연구를 진행한 것이 밝혀졌다.『란셋』은 2004년 그의 논문을 철회했다. 하지만 웨이크필드의 주장은 수많은 부모들 사이에서 백신 반대 운동을 불러일으켰다.

2015년에 세계보건기구는 백신 기피나 반대로 매년 150만 명 이상의 어린아이들이 사망한다고 밝혔다. 그리고 2019년에 세계인의 건강을 위협하는 10가지 요소 가운데 한 가지가 바로 백신 공포증이라고 언급했다.

18세기 말 제너는 수천 년 동안 인류를 괴롭혔던 천연두로부터 사람들을 구하기 위해 우두법을 개발했다. 이후 백신이 안정하고 과학적이라는 수많은 실험과 증거들에도 불구하고, 전 세계적으로 백신에 대한 믿음과 신뢰는 크게 떨어졌다. 웨이크필드의 논문은 이를 단적으로 잘 보여주는 해프닝이라 할 수 있다.

천연두와 더불어 오랫동안 인류를 괴롭혔던 유행성 전염병 가운데 하나인 홍역은 2차례의 백신 접종으로 쉽게 예방할 수 있다. 하지만 홍역 백신 접종을 거부하는 사람들의 수는 전 세계적으로 30% 이상 증가했다. 2014년에 미국의 12개 주에서 홍역이 발생하면서 2백 명 이상의 사람들이 전염되었다. 치명적인 유행성 전염병이 전 세계적으로 급속하게 확산되는 것은 바로 이러한 이유 때문이다.

우리나라에서도 최근 홍역 발생률이 증가하고 있다. 물론 의학의 발전에 아무런 부작용 없는 것은 아니다. 하지만 지난 2세기 동안 우리는 의학의 발전이 수많은 사람들의 목숨을 구하고, 평균 수명을 연장시킨 것을 목격했다. 백신 덕분에 오늘날 우리는 상대적으로 더 안전하고 건강한 삶을 살 수 있게 된 것이다.

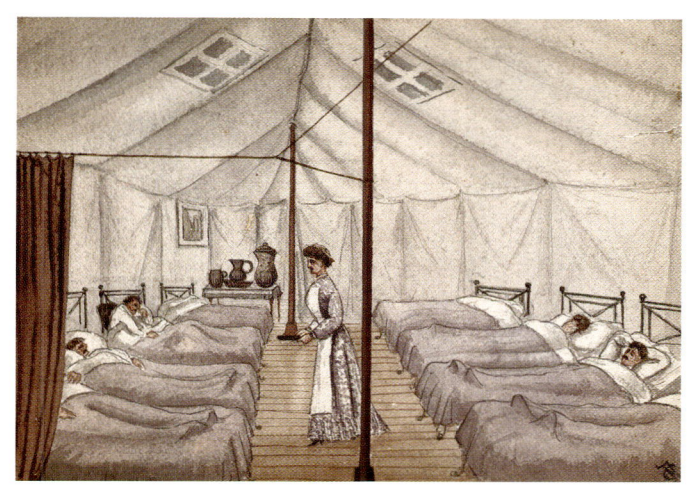

프랭크 콜린스(Frank Collins), ≪런던 세인트 판크라스 천연두 병원≫, 1881作.
천연두를 주제로 한 그림으로, 늘어나는 환자로 인해 텐트 안에 병실을 만들어 간
호사가 천연두 환자를 돌보고 있는 모습을 묘사한 그림이다.

3. 천연두

: 베리올라 메이저 Variola major 와
  베리올라 마이너 Variola minor 에 의해 유발되는
  감염성 질병

✚ 원인

천연두는 두창 Variola 바이러스의 감염 때문에 발생한다. 두창 바이러스는 베리올라 메이저와 베리올라 마이너, 두 가지 종류가 있다. 베리올라 메이저가 가장 일반적인 바이러스의 형태로서 더 심한 발진과 고열을 동반한다. 베리올라 마이너에 의한 천연두는 전체 사망자의 약 1퍼센트 이하이며, 그 증상 역시 덜 심각하다.

✚ 증상

12일 정도의 잠복기를 거쳐 천연두 바이러스가 체내로 유입된다. 이후 주변 림프절로 이동하면서 빠르게 증식한다. 초기 증상은 고열이나 근육통, 두통, 극심한 피로 등 감기나 인플루엔자 등 바이러스성 질환과 유사하다. 감염 후 12~15일이 지나면 입이나 목 등의 점막에 발진이 나타난다. 이 발진은 급속하게 커지고, 터지며, 이를 통해 더 많은 바이러스가 유출된다. 천연두 바이러스는 피부 세포를 먼저 공격하기 때문에 피부 반점이 나타나고, 이후 24~48시간이 지나면 빨갛게 변한다. 그리고 점차 얼굴 전체와 온몸으로 확산된다.

✚ 치료

최초의 천연두 예방법은 천연두를 직접 접종하는 것이었다. 천연두 접종법은 0.5~2%정도의 치사율을 보였으며, 실제 천연두의 치사율인 20~30%보다 상당히 낮았다. 하지만 다른 사람에게 천연두를 전염시킬 수도 있다는 단점이 있다.

최초의 천연두 백신은 1796년 에드워드 제너에 의해 개발되었다. 제너는 우두에서 채취한 성분을 환자에게 접종해서 천연두에 대한 면역이 생기는 것을 발견하였다. 이러한 예방법은 천연두 접종법에 비해 훨씬 안전하며, 천연두 전염의 위험도 없었다. 이러한 백신의 사용은 곧 전 세계에서 천연두를 예방하는 데에 사용되었다.

오늘날 천연두 백신은 주로 종두증 바이러스를 이용한다. 백신을 이용해 천연두 예방접종을 하면, 천연두에 대한 면역력은 약 3~5년 정도 지속된다. 이후 다시 예방접종을 하면, 면역력이 더 오래 지속된다. 그밖에도 테코비리메트Tecovirimat, 시도포비르Cidofovir 등과 같은 항바이러스성 치료제가 개발되기도 하였다.

IV

≪화가의 어머니≫와 『코르니유 영감의 비밀』

제임스 애벗 맥닐 휘슬러(James Abbott McNeill Whistler), ≪화가의 어머니≫, 1871년 作. 휘슬러는 수직축과 수평축을 중심으로 불필요한 디테일 없이 어머니의 초상화를 그렸다. 당시 초상화를 그리던 기법과 비교한다면 가히 혁명적이라 할 수 있다. 그의 그림은 후일 기하학적 추상주의에도 많은 영향을 미쳤다.

≪화가의 어머니≫와
『코르니유 영감의 비밀』

19세기 이후 생긴 새로운 직업 중 한 가지는 비평가이다. 신문이나 잡지가 유행하면서 예술작품에 대해 평하는 비평가들이 등장하기 시작했다. 예술가와 비평가의 관계는 때로는 서로를 필요로 하지만, 때로는 갈등이 발생하는 숙명적인 관계이다. 이 시기 런던에서 비평의 역사를 떠들썩하게 했던 사건이 발생했다.

미국 매사추세츠 주 출신의 화가 제임스 휘슬러James Abbott McNeill Whistler는 1855년 유럽으로 이주했다. 그는 런던과 파리를 오가면서 자신의 작품 세계를 확대시켰고, 1877년에 개인전을 열었다. 이 전시회에서 그는 ≪검정과 금빛의 녹턴 : 떨어지는 불꽃≫이라는 그림을 전시했다. 이 그림은 런던 크레몬 공원을 배경으로 그린 6점의 그림 가운데 하나였다.

휘슬러는 불꽃놀이로부터 깊은 인상을 받아 금빛 불꽃이 떨어지는 순간을 화폭에 담고자 했다. 기존의 화가들이 불꽃놀이

제임스 애벗 맥닐 휘슬러, ≪검정과 금빛의 야상곡: 떨어지는 불꽃≫, 1872-1877년 作. 휘슬러는 그림에서 중요한 것은 실물을 있는 그대로 묘사하는 것이 아니라 여러 가지 감정을 전달하는 것이라고 생각했다. 특히 그는 미술과 음악의 상호관련성을 강조하면서 작품의 제목에 음악 용어를 사용하기도 했다.

를 구경하는 사람들에 초점을 맞추었다면, 휘슬러는 빛 그 자체에 초점을 맞춘 것이다. 그래서 그는 구경꾼은 투명하고 단순하게 표현하는 대신 황금색을 사용해 밤하늘에서 떨어지는 불꽃을 화려하게 그림으로써 활기를 더하고자 했다.

그런데 휘슬러의 그림을 본 당시 영국 비평가 존 러스킨John Ruskin이 "대중의 얼굴에 물감 통을 끼얹은 것"이라고 비판했다. 당시 러스킨의 비평은 영국 미술계에서 막대한 영향력을 가지고 있었다. 따라서 휘슬러는 엄청난 타격을 받게 되었다. 그의 평판이 나빠지고, 재정적으로 어려움이 발생하자 휘슬러는 러스킨을 명예훼손으로 고소했다.

치열한 법적 공방 끝에 가까스로 휘슬러가 승소했다. 하지만 얼마 되지 않는 배상금은 오히려 그에게 모욕감을 가져다 줄 뿐이었다. 결국 막대한 소송 비용 때문에 그는 파산하고 말았다. 그렇지만 휘슬러의 ≪검정과 금빛의 녹턴≫은 추상화가 발전하는데 중요한 토대를 제공했다. 자신의 신념을 굽히지 않고, 자신이 느낀 감정과 인상을 그림 속에 담아낸 결과였다.

휘슬러는 유년 시절을 러시아와 영국에서 보냈다가 미국으로 돌아왔다. 그가 미국으로 돌아온 이유는 아버지의 죽음 때문이었다. 그의 아버지는 당시 미국뿐만 아니라 유럽에서도 유행했던 콜레라로 사망했다. 콜레라는 콜레라균 때문에 발생하는 유행성 전염병으로 주된 증상은 설사와 이로 인한 탈수이다. 19세기 말까지 콜레라는 전 세계적으로 치명적인 영향을 미쳤다. 특히 산업화 시기에 대도시에서 빈번하게 발생했다. 하지만 당시 사람들은 콜레라가 발생하는 원인이나 치료법을 알지 못했다.

프랑세 마마이Francet Mamai는 늙은 피리 연주자이다. 그는 친구인 나에게 한 풍차 방앗간에 대한 이야기를 들려주었다. 자신이 살았던 마을은 밀가루 거래가 많았던 곳이어서 풍차 방앗간이 많았다.

18세기 말 산업화가 시작되면서 증기 방앗간이 세워졌다. 사람들은 증기 방앗간으로 몰리면서 많은 풍차 방앗간은 문을 닫을 수밖에 없었다. 하지만 코르니유Cornille 영감의 풍차 방앗간만은 계속 풍차가 돌아가고 있었다. 마을 사람들이 이상하게 생각했지만, 어느 누구도 그 비밀을 몰랐다. 심지어 코르니유 영감의 손녀조차 알지 못했다.

프랑세 마마이의 아들과 코르니유 영감의 손녀는 서로 사랑했다. 하지만 영감이 이들의 결혼을 반대하자 풍차 방앗간으로 영감을 찾아갔다. 여기에서 그들은 놀라운 장면을 목격했다. 풍차는 돌아가지만, 방앗간은 텅 비어 있었다. 코르니유 영감은 풍차 방앗간의 명예와 역사를 지키기 위해 풍차 방앗간을 헛돌리고 있었던 것이다.

이들은 이러한 비밀을 마을 사람들에게 전했다. 사람들은 다시 풍차 방앗간에 일감을 가져다 주기 시작했다. 그리고 자신들이 무엇을 잘못했는지 깨닫게 되었다. 산업화 이후 전통을 지키려고 애쓰는 모습을 그린 이 소설은 알퐁스 도데Alphonse Daudet의 『코르니유 영감의 비밀Le Secret de maître Cornille』이다.

18세기 중반 영국에서 처음으로 산업혁명이 발생했다. 대량으로 물건을 생산하는 공장들이 세워졌고, 일자리를 찾아 수많은 사람들이 도시로 몰려들었다. 과거보다 더 많은 부를 축적할 수 있었지만, 전통적인 방식들은 점차 자리를 잃어갔다. 산업화와 함께 콜레라와 같은 유행성 전염병도 더욱 치명적인 영향을 미치게 되었다. 그렇다면 콜레라는 왜 산업화 시기에 유행했고, 당시 사람들은 어떻게 대처했을까.

1. '체액설'과 '미아즈마'가설

나의 은사에 대하여 존경과 감사를 드리겠노라.

나의 양심과 위엄으로서 의술을 베풀겠노라.

나의 환자의 건강과 생명을 첫째로 생각하겠노라.

나는 환자가 알려준 모든 내정의 비밀을 지키겠노라.

나의 위업의 고귀한 전통과 명예를 유지하겠노라.

나는 동업자를 형제처럼 생각하겠노라.

나는 인종, 종교, 국적, 정당정파 또는 사회적 지위 여하를 초

월하여 오직 환자에 대한 나의 의무를 지키겠노라.

나는 인간의 생명을 수태된 때로부터 지상의 것으로 존중히 여기겠노라.

비록 위협을 당할지라도 나의 지식을 인도에 어긋나게 쓰지 않겠노라.

이상의 서약을 나의 자유 의지로 나의 명예를 받들겠노라.

오늘날 의사가 될 때 하는 '히포크라테스 선서'의 내용이다. 이 선서는 고대 그리스 의사 히포크라테스Hippocrates를 추종했던 학파에서 제자들에게 강조했던 일종의 규율로 알려져 있다.

하지만 언제, 어디에서 기원했는지 정확하게 알려져 있지 않다. 학자들에 따르면, 기원전 5세기~기원후 1세기 사이에 제정된 것으로 추정된다. 흔히 당시 의사가 되고자 했던 사람들에게 요구했던 서약으로 알려져 있다. 그렇다면 이 선서의 유래가 된 히포크라테스는 어떤 의사였고, 그의 의학은 고대 유럽 사회에 어떤 영향을 미쳤을까.

그리스 신화에는 아스클레피오스Asclepius라는 신이 등장한다. 아폴론 신이 오늘날 그리스 중북부에 위치한 테살리아의 코로니스Coronis와의 사이에서 낳은 아들이다. 어머니 코로니스는 아폴론의 자식을 임신한 상태에서 인간 남성과 바람을 피웠기 때문에 화형을 당했다.

니콜라 푸생(Nicolas Poussin), ≪아버지의 칼을 찾는 테세우스≫,
1638년 경 作. 니콜라 푸생은 루벤스, 렘브란트와 함께 17세기 가장 영
향력 있는 화가였다. '프랑스 회화의 아버지'로 불리는 그는 고대 역사에
서 주제를 찾아 인간의 감정을 전달하는 그림을 주로 그렸다. ≪아버지
의 칼을 찾는 테세우스≫는 영웅적인 역사화의 대표적인 그림이다.

이 때 아폴론이 그녀의 배를 가르고 아이를 꺼냈다. 그리고
켄타우로스 족의 케이론Chiron에게 맡겨 기르도록 했다. 아스클
레피오스는 뛰어난 의술을 익혔고, 죽은 사람을 살리는 방법도
알고 있었다. 아테네 여신으로부터 받은 메두사의 피에는 죽은
사람에게 생명을 불어넣는 마법이 있었기 때문이다. 그는 이를
이용해 히폴리토스Hippolytos를 되살렸다.

영화로 읽는 감염병의 세계사

히폴리토스는 아테네 왕 테세우스Theseus와 흑해 연안 아마조네스 여왕 히폴리테Hippolyte 사이에서 태어났다. 테세우스는 그리스 신화에서 헤라클레스Heracles와 쌍벽을 이루는 영웅이다.

그와 관련된 일화 가운데 고구려 유리왕琉璃王 신화와 비슷한 이야기가 있다. 아테네 왕 아이게우스Aegeus는 후사가 없어서 델포이 신전에 가서 방법을 물었다. 그리고 돌아오는 길에 트로이젠의 아이트라Aithra와 동침했다. 그녀가 임신한 사실을 알게 되자 바위 밑에 칼과 신발을 넣어 두고 아이가 이 바위를 들어 올릴 수 있을 정도로 자라면 아테네로 보내라고 했다.

16살이 된 테세우스는 바위를 들어 올렸다. 그리고 칼과 신발을 찾아 아테네로 떠났다. 가는 도중 많은 괴물과 악당을 물리치면서 그는 영웅이 되었다.

당시 아테네는 크레타에 9년에 한 번씩 젊은 남성과 여성을 바쳤다. 크레타 왕 미노스Minos의 아들 안드로게오스Androgeus가 아이게우스의 명령으로 마라톤의 황소를 잡으러 갔다가 뿔에 찔려 죽었기 때문이다. 이들은 크레타의 미궁에 갇힌 괴물 미노타우로스의 먹이가 되었다.

미노타우로스는 반인반우半人半牛의 괴물이다. 그리스 신화에 따르면, 미노스 왕이 자신의 통치권을 강화시키기 위해 바다의 신 포세이돈에게 보호를 요청했다. 그리고 그에 대한 징표로 제물로 바칠 흰 소를 보내달라고 했다. 하지만 막상 포세이돈

작자 미상, ≪테세우스와 미노타우로스≫, 1510-20년 경 作. 미노타우로스가 자라면서 사람을 잡아먹자 미노스 왕은 이 괴물을 가두기 위해 최고의 장인 다이달로스를 찾아갔다. 그리고 방과 복도로 얽혀 어느 누구도 빠져나올 수 없는 복잡한 미궁인 라비린토스를 만들었다. 미노타우로스는 여기에 갇혔다.

으로부터 흰 소를 받은 미노스 왕은 욕심이 생겼다. 그래서 다른 소를 제물로 바쳤다.

화가 난 포세이돈은 미노스 왕의 아내 파시파에Pasiphae에게 저주를 내렸다. 흰 소를 사랑하게 만든 것이다. 그 결과, 미노타우로스라는 괴물이 태어났다.

사람들을 제물로 바치면서 아테네의 민심은 악화되었다. 이에 테세우스는 자진해서 제물이 되겠다고 했다. 미노스 왕은 만약 테세우스가 미노타우로스를 죽이고 살아서 나오면, 더 이상 제물을 요구하지 않기로 약속했다.

미노스 왕에게는 아리아드네Ariadne라는 딸이 있었다. 그녀는 크레타에 도착한 테세우스를 보고 사랑에 빠졌다. 그래서 미궁

명화로 읽는 신화별의 세계사

에서 살아나올 수 있도록 도와 줄 테니 자신을 아테네로 데려가 아내로 삼아달라고 했다. 그녀는 붉은 실 뭉치를 건네주었다. 그리고 미궁으로 들어갈 때 실을 풀면서 들어갔다가 나중에 그 실을 따라 나오라고 알려주었다.

미노타우로스를 죽인 테세우스는 그녀의 말대로 미궁 밖으로 나왔다. 그리고 아네테 사람들과 아리아드네를 데리고 아테네를 향해 출발했다. 도중에 이들은 낙소스 섬에 머물렀다. 그런데 테세우스는 이곳에 아리아드네를 두고 출발했다. 이와 관련해서는 여러 가지 설이 있다. 테세우스가 다른 여성을 사랑했기 때문에 그녀를 버리고 갔다는 설도 있고, 아리아드네에게 반한 디오니소스가 그녀를 납치했다는 설도 있다. 어쨌든 그녀는 디오니소스의 아내가 되었다.

테세우스가 아테네를 떠날 때 아이게우스는 두 개의 돛을 주었다. 크레타로 갈 때는 검은 돛을 달고, 미노타우로스를 무찌르고 돌아올 때는 흰 돛을 달라고 했다. 그는 매일 바닷가 절벽에서 아들이 흰 돛을 달고 돌아오기를 기다렸다.

하지만 테세우스는 돛을 바꾸어 다는 것을 잊어버렸다. 그래서 크레타로 갈 때 달았던 검은 돛을 그대로 달고 돌아왔다. 이를 본 아이게우스는 아들이 죽은 줄 알고 절벽 아래로 몸을 던졌다. 사람들은 이 바다를 아이게우스의 바다, 즉 에게 해라고 부른다. 그리고 아테네로 돌아온 테세우스는 왕이 되었다.

페테르 루벤스(Pieter Paul Rubens), ≪히포톨리스의 죽음≫, 1611년 경 作. 루벤스는 괴물 때문에 전차에서 떨어진 히포톨리스가 죽는 장면을 화려한 색채로 그렸다.

테세우스의 아내 히폴리페는 아마조네스의 여왕이었지만, 그에게 납치되었다. 그녀를 구하기 위한 전쟁에서 사망했다. 이후 그는 아테네와의 동맹을 원했던 크레타 왕 데우칼리온Deucalion 의 여동생 파이드라Phaedra를 아내로 맞이했다.

그런데 그녀는 전처의 아들 히폴리토스에게 사랑을 고백했다. 그가 이를 거절하자 히포톨리스가 자신을 유혹하고 겁탈하려 했다는 거짓 유서를 남기고 자살했다. 유서를 읽은 테세우스는 아들을 추방했다. 뿐만 아니라 포세이돈에게 아들의 죽음을 빌었다. 결국 히포톨리스는 트로이젠 해변에서 전차를 몰던 중

영화로 읽는 신화병의 세계사

갑자기 나타난 괴물 때문에 전차에서 떨어져 죽었다. 억울하게 죽은 그를 살린 것이 바로 아스클레피오스였다.

그러나 죽은 자를 되살리는 의술은 세상의 질서를 위협하는 것이었다. 죽음의 신 하데스Hades는 아스클레피오스의 의술 때문에 더 이상 아무도 죽지 않을 것이라고 제우스Zeus에게 불만을 제기했다. 결국 제우스는 벼락으로 아스클레피오스를 죽였다.

죽은 후 아스클레피오스는 모든 질병을 치료하는 전지전능

안 루이 지로데 트리오종(Anne Louis Girodet Trioson), ≪아르타크세레크세스의 선물을 거부하는 히포크라테스≫, 1792년 作. 안 루이 지로데 트리오종은 고전주의의 대가 다비드의 제자 중 한 사람으로서 낭만주의 회화의 선구자였다. ≪아르타크세레크세스의 선물을 거부하는 히포크라테스≫는 낭만주의를 개척하기 전 고전주의적 경향을 보이는 작품이다.

한 의술의 신으로 숭배되었다. 그는 머리에 월계관을 쓰고, 뱀이 감겨 있는 지팡이를 짚고 있었다. 이 지팡이는 의술의 상징이 되었다. 고대 그리스인들은 그의 신전에서 잠을 자면, 아스클레피오스가 꿈에 나타나 치료법을 알려 준다고 믿기도 했다.

아스클레피오스에 대한 숭배는 펠로폰네소스 북동의 해안 도시인 에피다우로스에서 특히 성행했다. 이 지역은 아스클레피오스의 성소가 있어 '성스러운 마을'로 불리기도 했다. 의학 교육 역시 일찍부터 시행되었다.

히포크라테스의 아버지와 할아버지는 바로 의학의 신인 아스클레피오스를 섬기는 의사였다. 그는 아버지와 할아버지로부터 의학 지식을 배웠다. 그리고 소아시아와 그리스, 이집트 등을 여행하면서 더 많은 지식을 축적했다. 고향으로 돌아와서는 아스클레피오스 신전의 제사장을 맡는 대신 의학교를 설립했다.

당시에는 오늘날처럼 과학 지식을 토대로 한 의학이 발달하지 못했다. 히포크라테스는 인체를 체액설을 토대로 살펴보았다. 그는 인체가 물과 불, 공기, 흙의 4가지 원소로 구성되어 있다고 생각했다. 그리고 혈액과 점액, 황담즙, 그리고 흑담즙에 의해 인간의 생활이 이루어진다고 믿었다.

히포크라테스는 이 4가지 액이 조화를 이루는 상태는 '에우크라지에eukrasie'라고 불렀다. 이와 반대로 부조화를 이루는 상태를 '디스크라지에dyskrasie'라고 불렀는데, 이것이 바로 질병이 발생하는 상태이다. 그의 이와 같은 주장은 갈레노스를 비롯해 근대 의학이 발전하기 전까지 수많은 의사들에게 전승되었다.

비록 과학이 크게 발전하지 못했던 시기였지만, 히포크라테스는 관찰에 근거한 진단 및 처방을 중시했던 것으로 알려져 있다. 60여 편에 달하는 그의 논문에서는 상당히 합리적인 사고를 엿볼 수 있다.

당시 많은 사람들은 치명적인 질병을 신이 인간에게 내리는 벌이라고 생각했다. 이와 같은 사회적 분위기 속에서 그는 종교적 또는 주술적 관점에서 질병의 원인이나 처방을 구하지 않으려 노력했다. 오히려 논리적으로 질병의 원인을 추론하고자 했다.

특히 그는 병에 걸렸을 때 열이 나는 것을 병이 치료되는 과정이라고 생각했다. 이렇게 병든 상태에서 회복되어 가는 과정을 '피지스physis'라고 불렀다. 그에게 병을 치료하기 위해 중요한 것은 바로 피지스를 원활하게 하는 것이었다.

물론 오늘날의 관점에서 본다면, 히포크라테스의 의학에는 상당히 많은 오류와 잘못이 존재한다. 당시에는 인체 해부학이 존재하지 않아 동물 해부학을 통해 의학적 지식을 얻었기 때문이다. 이와 같은 과정 속에서 잘못된 지식을 얻는 경우도 많았다. 가장 대표적인 것은 동맥과 정맥을 구별하지 못했던 것이다. 여성의 자궁에 대해서도 그 기능을 제대로 알지 못해 마치 자궁 때문에 질병을 발생하는 것처럼 설명하기도 했다.

근대 의학이 정립되기 전까지 유럽 전역에 막대한 영향을 미쳤던 히포크라테스의 주장 가운데 한 가지는 '미아즈마_{Miasma} 가설'이었다. 19세기 말까지 정설로 수용되었다가 오늘날에는 폐기된 의학 가설이다.

　미아즈마 가설에서는 인류 역사 속에서 치명적인 영향을 미쳤던 유행성 전염병인 흑사병이나 콜레라 등의 원인이 나쁜 공기라고 주장했다. 미아즈마는 '오염'이라는 의미를 가진 고대 그리스어 'μίασμα'에서 유래되었다. 일반적으로 물질이 부패하면 미아즈마가 발생한다. 그리고 이로 인해 전염병이 유행한다는 것이다.

　현대의 과학적·의학적 발전이 이루어지기 전까지 많은 사람들은 오랫동안 미아즈마 가설을 믿었다. 병원체가 너무 작아서 육안으로 확인할 수 없었기 때문이다. 그래서 오랫동안 사람들은 오염된 물이나 악취를 풍기는 공기, 비위생적인 환경 등에서 독성을 띤 수증기가 발생한다고 생각했다. 그리고 이것이 치명적인 질병을 유발한다고 믿었다.

　물론 모든 사람들이 미아즈마 이론을 믿었던 것은 아니다. 1500년대 중반 이탈리아 의사 기롤라모 프라카스토로_{Girolamo Fracastoro}는 전염병을 유발하는 작은 씨앗이 있다고 주장했다. 그는 이 씨앗이 옷이나 다른 물건에 묻어 사람들에게 옮겨지면 질병이 발생한다고 믿었다. 이러한 세균설은 19세기에 세균의 존재를 발견하고, 이것이 질병을 유발하는 원인이라고 밝히는 계기가 되었다.

현미경은 육안으로 관찰할 수 없는 미세한 물체나 미생물을 확대시켜 관찰하는 기구이다. 네덜란드 기술자 안톤 반 레벤후크Anton von Leeuwenhoeck는 현미경을 사용해서 미생물을 관찰했다. 그래서 '미생물의 아버지'로 불리기도 했다. 그는 렌즈 연마술과 금속 세공술을 배워 렌즈를 직접 만들었다. 1673년에 자신이 만든 현미경으로 미생물이 이동하는 것을 관찰했고, 이후 적혈구와 정자를 발견했다.

프랑스 화학자 루이 파스퇴르Louis Pasteur의 공헌은 미생물학의 토대를 마련하는데 매우 컸다. 그의 가장 중요한 업적은 중세부터 존재했던 '자연발생설'을 무너뜨렸다는 것이다. 과거 사람들은 구더기가 썩은 고기에서 발생하고, 미생물이 상한 음식에서 발생한다고 믿었다.

1668년 이탈리아 의사 프란체스코 레디Francesco Redi가 실험을 했다. 그는 썩은 생선을 병에 넣고 한쪽은 뚜껑을 덮고, 다른 한쪽은 뚜껑을 덮지 않았다. 그래서 뚜껑을 덮어 파리가 알을 낳지 못한 고기에서는 미생물이 발생하지 않는다는 사실을 입증했다. 하지만 18세기 말까지 여전히 많은 과학자들은 생명의 자연발생설을 믿었다.

1862년 파스퇴르는 일명 '백조 목 플라스크'실험을 시행했다.

알베르트 에델펠트(Albert Edelfelt), 《파스퇴르 초상화》, 1885년 作.
핀란드 화가 알베르트 에델펠트는 초기에는 사실주의적 그림을 주로 그
렸다. 이후 낭만주의와 민족주의적 경향이 심화되면서 핀란드 민속 예술
을 널리 알리는데 중요한 역할을 담당했다.

명화로 읽는 전염병의 세계사

그는 목이 길게 굽은 플라스크에 고기 스프를 넣었다. 그리고 이를 가열해서 살균했다. 그 결과, 스프에는 미생물이 발생하지 않았다.

그런데 플라스크의 구부러진 목 부분에는 수증기가 맺혀 있었다. 스프를 끓일 때 생긴 것인데, 이 수증기가 미생물이 스프로 들어가는 것을 막았다. 외부 공기와 수프 사이에 일종의 벽처럼 작용한 것이다. 이 실험은 오랫동안 유럽을 지배했던 자연발생성에 종지부를 찍었다.

독일 세균학자 로베르트 코흐Robert Koch는 세균 감염설을 믿었다. 그는 세균이 병을 일으킨다는 사실을 입증하기 위해 이른바 '코흐의 법칙'을 고안했다. 이 법칙은 다음과 같은 4단계로 구성되어 있다.

① 해당 질환의 환자들로부터 공통의 병원체가 발견되어야 한다. ② 환자로부터 분리된 병원체가 실험실에서 배양되어야 한다. ③ 배양된 병원체가 실험동물을 대상으로 한 실험에서 환자들과 동일한 증상을 유발한다. ④ 병원체를 감염시킨 실험동물로부터 분리시킨 병원체가 실험실에서 다시 배양되어야 한다. 이 사실이 모두 충족될 때 특정 병원체가 특정 질환을 유발한다는 것을 입증할 수 있다.

그러나 이와 같은 의학적 발전에도 불구하고, 19세기 중반까지 여전히 많은 사람들은 전염병의 발생 원인이 미아즈마라고 믿었다. 미아즈마 가설을 신봉했던 대표적인 사람으로는 우리에게도 잘 알려진 영국 간호사 플로렌스 나이팅게일 _{Florence Nightingale}을 들 수 있다.

19세기 중반 러시아는 남쪽으로 팽창정책을 추구했다. 당시 프랑스 황제 나폴레옹 3세_{Napoleon III}는 국내 가톨릭 교도들로부터 인기를 얻고자 했다. 이를 위해 오스만 투르크 제국 내 가톨릭 교도의 특권을 요구했다.

하지만 러시아 황제 니콜라이 1세_{Nicholas I}는 이 지역이 그리스정교의 보호를 받는 지역임을 강조했다. 1853년 러시아는 루마니아 동북부의 몰다비아와 왈라키아를 점령했다. 당시 서유럽 여러 국가들의 지지를 받은 오스만 투르크 제국은 러시아에 선전포고를 했다. 이로써 전쟁이 발발했다.

1853년 러시아 함대가 오스만 투르크 함대를 전멸시켰다. 프랑스와 영국은 투르크를 지지했다. 오스트리아는 러시아가 점령한 지역의 포기와 양도를 요구했다. 이러한 국제 정세 때문에 니콜라이 1세는 오스트리아와의 국경 지대에 군대를 배치했다.

1854년 9월 영국과 프랑스, 그리고 오스만 투르크 연합군이 크림반도에 상륙했다. 그리고 크림반도 남서부에 위치한 세바스토폴을 포위했다. 전쟁은 약 11개월 동안 지속되었다. 결국 1855년 8월 말, 러시아는 북쪽으로 후퇴했고, 전쟁은 종식되었다.

당시 영국은 러시아의 남하를 저지하기 위해 참전했다. 하지만 당시 사상자의 비율은 매우 높았다. 영국군의 경우, 전사자는 5천 명이었던 반면, 전염병으로 인한 사망자는 1만 5천 명에 달했다. 결국 부상자 간호를 위한 자원 봉사대가 파견되었는데, 나이팅게일은 그 중 한 사람이었다.

그녀는 『간호론Notes on Nursing: What It Is, and What It Is Not』에서 다음과 같이 서술했다.

> "만일 어떤 환자가 추워한다거나, 고열에 시달린다거나, 쇠약해 있다거나, 음식을 먹고 괴로워한다거나, 또는 욕창을 가지고 있다면, 그것은 대체로 질병 자체로 인한 것이 아니라 잘못된 간호에 기인하는 것이다... 지금까지 간호는 투약하거나 습포제를 바르는 것 정도로 그 의미가 제한되어 왔다. 그러나 간호는 환기, 채광, 난방, 청결, 정숙 등의 적절한 활용과 식이의 적절한 선택과 관리 등 환자의 체력소모를 최소화하면서 이루어지는 모든 것을 의미해야만 한다."

나이팅게일은 『노동자 계층 간호 서적Notes on Nursing for the Labouring Classes』이라는 책도 집필했다. 이 저서에서 그녀는 환자가 실내에서도 깨끗한 공기를 마셔야 한다고 주장했다. 환자를 치료하는데 나쁜 냄새를 제거하는 것이 매우 중요하다고 생각했기 때문이다.

그녀는 환자를 치료하는 데 가장 중요한 것은 청결과 위생이라고 믿었다. 그리고 이러한 믿음은 바로 미아즈마 가설로부터 유래된 것이다. 비록 미아즈마 가설은 오늘날 폐기되었지만, 나이팅게일의 이러한 신념은 병원의 위생과 청결을 유지하고, 감염을 예방하는데 중요한 토대가 되었다.

2. 산업혁명과 브로드 거리 펌프

18세기 중반부터 영국에서는 산업혁명이 발생했다. 산업혁명의 가장 중요한 특징 가운데 한 가지는 에너지의 변화이다. 과거에 사람들이 주로 사용했던 에너지는 목재였다. 하지만 이 시기에 사람들은 새로운 에너지를 찾아야만 했다. 바로 기후변화 때문이었다.

이 시기는 소빙기_{Little Ice Age}였다. 일반적으로 소빙기는 1300년대부터 1800년대까지의 시기를 의미한다. 마지막 빙하기 이후 가장 추웠던 시기였다. 전 지구적으로 빙하 지역이 확대되면서 추위가 극심해졌다. 당연히 목재 수요가 증가했지만, 공급량은 이에 미치지 못했다.

당시 사람들이 대체 에너지로 사용한 것은 바로 석탄이었다. 지질학자들은 지금으로부터 약 3억 6천 만 년 전~ 2억 9천 만 년 전에 해당하는 고생대 후기를 '석탄기'라고 부른다. 이 시기에는 나무가 처음 등장해서 대규모의 삼림이 형성되었다. 석탄은 바로 이 시기의 식물들이 퇴적되어 높은 압력과 열에 의해 분해된 것이다.

영국의 경우, 잉글랜드 북부에 위치한 페나인 산맥이 고생대 석탄계로 이루어져 있다. 바로 여기에 탄전이 있다. 처음에는 노천 석탄을 사용했는데, 석탄 사용량이 급증함에 따라 땅 속의 석탄을 채굴하기 시작했다.

땅 속 석탄을 채굴하면서 한 가지 문제가 발생했다. 갱도가 침수된 것이다. 지하수를 퍼내기 위해 여러 가지 방법들을 고안했다. 이 가운데 하나가 바로 증기기관이었다. 다시 말해, 증기기관은 석탄 채굴 시 물을 퍼내기 위한 펌프를 돌리는 엔진에서 유래된 것이다.

물을 끓이면 수증기가 발생한다. 이 수증기로 기계를 작동시키려는 생각은 이미 오래 전부터 존재했지만, 거의 실용성이 없었다. 1693년 영국 발명가 토머스 세이버리Thomas Savery는 증기를 압축시켜 발생하는 기압차를 이용해 양수 펌프를 만들었다. 그리고 1712년 영국 기술자 토머스 뉴커먼Thomas Newcomen은 최초로 실용적인 증기엔진을 만들었다. 그가 발명한 증기엔진은 대기압을 이용해 피스톤을 움직여 물을 퍼내는 것이었다. 그러나 수증기를 압축시키기 위해 물을 분사할 때마다 실린더 전체가 냉각되어 열 손실이 많았다. 따라서 효율성이 상당히 낮았다.

뉴커먼이 발명한 증기엔진을 개량한 사람이 바로 제임스 와

트_{James Watt}이다. 그는 수증기를 실린더가 아닌 별도로 연결된 응축기에서 압축시켰다. 그리고 대기압이 아니라 수증기로 피스톤을 움직이는 방법을 개발했다. 응축기만 냉각시키고, 실린더의 열은 그대로 보존되었기 때문에 효율성이 매우 높아졌다. 뿐만 아니라 피스톤의 운동을 동력으로 이용할 수 있도록 했다.

아돌프 멘첼(Adolph Friedrich Erdmann Menzel), ≪철 압연 공장≫, 1875년 作. 아돌프 멘첼은 독일 화가이자 판화가이다. 초기에는 역사책에 넣은 삽화로 인기를 얻었고, 이후 근대사회의 특징에 관심을 가지면서 이를 그림의 주제로 삼았다. ≪철 압연 공장≫ 역시 산업혁명 이후 근대화에 중요한 역할을 담당했던 철 제련 공장에서 일하는 노동자들의 모습을 그린 것이다.

증기엔진은 석탄 채굴에만 사용되지 않았다. 새로운 운송 수단의 동력으로 활용되었다. 1825년 조지 스티븐슨George Stephenson은 세계 최초의 상업용 증기기관차인 로코모션 호를 발명했다. 이 증기기관차는 잉글랜드 북부에 위치한 달링턴에서 스톡스까지 운행되었다. 당시 달링턴은 영국 내 주요 석탄 산지였다. 석탄 생산량이 급증하면서 새로운 운송 수단이 필요해진 것이다. 증기엔진 덕분에 교통과 운송 혁명이 발생했고, 이는 산업혁명을 더욱 가속화시켰다.

그 결과, 도시로 많은 사람들이 유입되었다. 당시 공장에서는 많은 노동력이 필요했다. 그래서 수많은 사람들은 일자리를 찾아 도시로 이동했다. 인구학자들에 따르면, 19세기 초 런던 인구는 약 86만 명 정도였다. 하지만 19세기 중반 650만 명으로 폭발적으로 급증했다.

도시는 고대부터 존재했다. 역사학자들은 인류 역사상 최초로 농경이 시작된 비옥한 초승달 지역에서 초기 도시들이 등장했다고 생각한다. 고대 그리스는 도시국가 형태로 발전했고, 로마 역시 도시에서 시작되어 제국으로 발전했다. 중세에는 교역과 상업을 중심으로 도시가 형성되었다.

산업혁명 이후 도시는 자원이 풍부한 지역을 중심으로 발전했다. 주변에는 일자리를 찾아 도시로 이주한 노동자들의 거주 지역이 형성되었다. 이는 상당히 이윤이 많이 남는 사업이었는

귀스타브 도레(Gustave Doré), ≪더들리 가, 세븐 다이얼스≫, 1872년 作. 프랑스 삽화가이자 판화가 귀스타브 도레는 극적인 구도와 정확한 묘사로 환상과 풍자의 세계를 묘사했다. 그는 수많은 문학 작품들을 시각화시키는데 공헌해서 반 고흐(Vincent van Gogh)는 그를 '최고의 민중화가'로 칭송하기도 했다. ≪더들리 가, 세븐 다이얼스≫는 1869년에 작업한 ≪런던: 순례여행≫의 180점 작품 가운데 하나로서 빅토리아 시대 도시 생활을 보여주는데 가장 중요한 자료 가운데 하나이다.

데, 도시로 이주하는 노동자들의 수가 많았기 때문이다.

당시 도로와 인접한 토지는 가격이 비쌌다. 주택 건설업자들은 비용을 적게 들이기 위해 도로에 인접한 면이 좁은 건물을 빽빽하게 지었기 때문이다. 이렇게 지어진 집들은 대부분 빛이 제대로 들지 않았고, 공기도 탁했다. 습기도 많이 차서 사람이 살 수 없는 환경이었다.

공장에서 일했던 사람들은 대부분 임시직 노동자였다. 그래서 일당을 벌기 위해서는 공장 근처를 떠나 살 수 없었다. 임금은 낮고, 임대료는 높았다. 하지만 이들은 이 비참하고 지저분한 지역에서 벗어나기 어려웠다.

도시는 이중적인 모습을 가지고 있었다. 낮의 도시는 분주한 모습이었다. 공장 굴뚝에서는 끊임없이 연기를 뿜어냈고, 수많은 사람들은 기계를 작동시키면서 일했다. 하지만 밤의 도시는 전혀 다른 모습이었다. 역한 냄새를 풍기면서 식량조차 구하기 어려운 빈민들이 가득했다. 이들은 비위생적인 환경에서 그야말로 죽지 못해 살아가고 있었다.

런던에서는 공장의 엄청난 폐수가 모두 템즈 강으로 흘러 들어갔다. 주변에 살고 있던 사람들은 오염된 하수를 사용할 수밖에 없었다. 이러한 비위생적인 환경은 치명적인 유행성 전염병이 발생하기에 최적의 조건이었다.

이 시기 런던에서는 유행성 콜레라가 만연했다. 콜레라는 원래는 인도 벵골 지역에서 만연했던 풍토병이었다. 역사학자들은 영국 동인도회사East India Company로 인해 인도의 풍토병이 영국으로 확산되었다고 주장한다.

산업혁명 이전까지 유럽을 지배했던 경제정책은 중상주의였다. 중상주의는 금이나 은과 같은 귀금속을 축적해 국가의 부를 증가시키고자 했다. 이를 위해서는 해외 식민지로부터 값비싼 상품이나 자원을 획득하는 것이 중요했다. 따라서 유럽의 일부 국가들은 해외 식민지 개척과 무역을 위한 무역회사를 설립했다.

가장 먼저 설립된 것은 네덜란드 동인도회사Dutch East Company였다. 이후 1600년에 영국은 인도와 아시아에서의 원활한 교역을 위해 영국 동인도회사를 설립했다. 125명의 주주들이 총 7만 2천 파운드를 출자해서 회사를 설립했고, 엘리자베스 1세Elizabeth I는 15년 동안 독점권을 부여했다.

당시 영국과 네덜란드는 인도네시아에 많은 관심을 가지고 있었다. 자바 섬에서 생산되는 후추나 주변 지역에서 자라는 정향 등 향신료 때문이었다. 1623년, 인도네시아 동부에 위치한 암본 섬에서 영국과 네덜란드 사이에 전쟁이 발발했다. 전쟁의 승리자는 네덜란드였다.

이 전쟁으로 영국은 인도네시아에서 후퇴해야만 했다. 하지만 아시아와의 무역을 포기할 수 없었다. 영국 동인도회사는 인도 남동부 벵골 만에 위치한 마술리파탐에 상관商館을 개설했다. 그리고 다른 지역들에도 반강제적으로 상관을 개설했다.

1657년에 영국 동인도회사는 의회로부터 새로운 특권을 부여받았다. 그리고 주식회사로 새로 탄생했다. 이 시기에 영국 동인도회사는 인도산 면직물인 캘리코를 교역했다. 당시 캘리코의 인기는 대단했다. 영국에서는 주로 모직물을 이용했는데, 모직물과 비교했을 때 캘리코는 가볍고 저렴했으며, 아름답기까지 했다.

향신료에서 면직물로 무역 대상에 변화함에 따라 영국 동인도회사의 정책도 변화했다. 이는 1757년 6월에 발생한 플라시 전투를 계기로 더욱 분명해졌다. 플라시 전투는 인도에서의 패권을 둘러싼 영국과 프랑스 간의 전투이다. 당시 벵골 지역 태수 시라지 웃다울라Siraj ud Daulah는 영국 동인도회사의 밀무역이 벵골 지역 경제에 심각한 영향을 미친다고 주장하면서 영국인들을 추방했다.

인도 무역에 관심을 가지고 있던 프랑스는 인도 편을 들었다. 하지만 캘커타 북서부에 위치한 플라시에서 발생한 전투는 영국의 승리로 끝났다. 영국 동인도회사가 행정권과 사법권까지 가지게 되면서 벵골은 영국의 식민지로 전락했다. 이 때 인도의 콜레라가 영국으로 이동한 것으로 추정된다.

1832년에 런던에서 처음 콜레라가 발생했다. 당시 대부분의 사람들은 미아즈마 가설을 믿었다. 이들은 템즈 강으로 흘러 들어간 오염된 하수 때문에 악취와 나쁜 공기가 발생했고, 그로 인해 콜레라가 유행한다고 주장했다. 그래서 템즈 강 근처의 악취를 제거하면 유행성 전염병이 사라질 것이라고 생각했다. 하지만 악취만 제거하려 했던 대처 방법은 별다른 효과가 없었다. 콜레라를 확산시키는 오염된 하수를 템즈 강에 유입시키는 행동은 규제하지 않았기 때문이다.

이 시기 영국 사회개혁가 에드윈 채드윅Edwin Chadwick은 도시의 위생 처리 시스템을 개혁해야 한다고 주장했다. 그는 위생 처리 시스템을 통해 도시에서 발생하는 유행성 전염병을 통제하고, 사망률을 감소시킬 수 있다고 생각했다. 1832년 채드윅은 '구빈법' 실시 및 행정 조사를 담당하게 되었다.

영국에서는 구빈법이 제정된 것은 1601년이다. 엘리자베스 1세가 부랑인과 빈민에 대응하기 위해 제정했다. 이 법에 따르면 영국 내 1,500 교구마다 구빈원을 설치하고, 여기에서 빈곤한 사람을 구제하도록 하고 있다. 이와 더불어 '거주 및 이주법'을 제정해 각 지역에서 지정한 곳에만 빈곤한 사람들을 국한시키려 했다.

하지만 산업혁명 이후 도시에서는 노동력이 부족했다. 1834년에 구빈법이 개정되어 빈곤한 사람들을 산업화에 필요한 인력으로 활용하고자 했다. 그 결과, 도시 환경은 더욱 악화되었다.

당시 영국에서는 빈곤이 게으르고 나태한 개인의 문제라고 생각하는 사람들이 많았다. 하지만 채드윅은 당시 구빈법 조사를 통해 도시 노동자들 사이에서 절대적 빈곤이 얼마나 심각한지 파악했다. 그는 빈민들 사이에 만연한 질병을 예방하는 것이 구빈률을 증가시킨다고 생각했고, 이것이 경제적으로 이득이라

명화로 읽는 전염병의 세계사

는 사실을 강조했다.

1842년 채드윅은 "영국 노동인구의 위생 상태에 관한 조사 보고서"를 작성했다. 이 보고서에서 그는 지역별 사망률과 경제 상태를 서로 연관시켰다. 그리고 합리적 질병 관리의 필요성을 제기했다. 더 나아가 그는 환경 관리와 개선이 국가의 책임이라고 주장했다.

이와 더불어 그는 도시 노동자의 주택 환경을 개선해야 한다고 주장했다. 하수도와 상수도의 위생 상태도 개선해야 한다고 주장했다. 이와 같은 채드윅의 주장은 1854년에 한 의사 덕분에 더욱 설득력을 얻게 되었다.

1854년에 런던 소호에서 다시 치명적인 콜레라가 발생했다. 이는 영국 역사상 가장 심각한 콜레라였다. 3일 동안 127명이 사망했다. 열흘이 지나자 사망자 수는 5백 명으로 증가했다. 그야말로 끔찍한 유행성 전염병이었다.

당시 의사였던 존 스노우John Snow는 한 가지 가설을 세웠다. 나쁜 공기가 아니라 오염된 물 때문에 콜레라가 발생한다는 것이었다. 이를 위해 그는 콜레라 환자 및 사망자가 발생한 집을 모두 확인했다. 그리고 꼼꼼하게 지도에 표시했다.

그 결과, 스노우는 브로드 가의 펌프를 중심으로 콜레라가 발생했다는 사실을 발견했다. 처음에는 펌프에서 물을 가져와서 관찰했다. 육안으로는 별 다른 것을 발견할 수 없었다. 그러나 그는 자신이 조사한 자료를 토대로 이 펌프가 콜레라 발생 및 확산에 중요한 단서라고 생각했다.

스노우는 콜레라 환자 및 사망자가 발생한 집마다 방문해서 브로드 가의 펌프 물을 마셨는지 확인했다. 당시 브로드 가의 펌프 물은 맛이 좋다고 소문이 나서 다른 지역에서도 이 물을 가져다 마시는 사람이 있었다. 또한 자체 펌프를 가지고 있거나 물 대신 맥주나 다른 음료를 마신 사람들 사이에서도 콜레라에 걸린 환자가 있는지 확인했다. 그리고 이와 같은 자료를 토대로 그는 지역 이사회를 설득해서 브로드 가의 펌프를 폐쇄했다.

스노우는 콜레라에 처음 걸린 환자의 집 정화조가 브로드 가의 펌프 저수조와 상당히 가깝다는 것을 발견했다. 당시 정화조 벽은 상당히 부식되어 있었다. 그 사이의 토양층은 콜레라균으로 심각하게 오염되어 있었다. 처음 콜레라에 걸린 사람으로부터 배출된 콜레라균이 정화조 및 토양층을 통해 펌프 저수조에 유입되었고, 이 펌프의 물을 마신 사람들에게 확산된 것이다.

스노우는 콜레라가 오염된 물을 통해 확산된다는 사실을 밝혀냈다. 이는 히포크라테스 시대부터 약 2천 년 동안 유럽과 전 세계를 지배했던 미아즈마 가설이 완전히 사라지는 계기가 되었다.

유행성 콜레라의 원인을 밝힘으로서 스노우는 '역학疫學의 선구자'로 부상했다. 역학은 원래 역병, 즉 전염병을 연구하는 학문을 의미한다. 오늘날에는 질병과 원인의 분포에 대해 연구하는 학문을 뜻한다. 역학에서는 인구 집단에서 발생하는 모든 생리적 상태와 이상 상태의 빈도 및 분포를 조사한다. 그리고 이를 결정하는 요소들과의 관련성을 조사한다. 이를 통해 질병이 발생하는 원인을 밝힌다. 스노우의 콜레라 지도를 계기로 역학은 더욱 급속하게 발전하기 시작했다.

3. 도덕 개혁과 금주법

5달러를 훔친 죄로 3년 동안 독방에 수감된 사람이 있었다. 그는 죄수들과 함께 하는 식사 시간에 살인을 저질렀다. 그런데 이 사건을 담당한 국선 변호사는 이 사람이 갇힌 감옥의 비참한 환경이 그를 정신 이상으로 만들었다고 주장했다. 그래서 살인을 저지르게 되었다는 것이다.

치열한 공방 끝에 살의 없는 살인이라는 판결을 받았다. 하지만 결국 다시 독방으로 돌아가게 된 그는 자살하고 만다. 1995년에 개봉된 영화 ≪일급살인≫의 내용이다. 이 영화는 헨리 영Henry Young의 실화를 바탕으로 만들어졌다. 배경은 바로 알카트라즈 교도소이다. 이 교도소는 캘리포니아 주 샌프란시스코 앞바다의 한가운데 있는 섬에 위치해 있다.

19세기 초 수많은 백인들은 서부로 이주했다. 바로 '골드러

쉬' 때문이었다. 1848년 1월 24일, 캘리포니아 주 수터스 밀에서 일하던 목수가 금을 발견했다. 이후 금을 찾으려는 사람들이 모여 들었다. 1849년에 그 수가 유독 많아 이들을 '포티 나이너스'라고 부른다. 당시 통계에 따르면, 캘리포니아로 금을 찾아 이주한 사람들은 약 25만 명, 포티 나이너스는 약 10만 명으로 추정된다.

1848년부터 1858년까지 10년 동안 채굴된 금은 약 5억 5천만 달러어치에 달했다. 하지만 모든 사람들이 금을 발견했던 것은 아니었다. 지나치게 많은 사람들이 몰려들면서 금 채굴을 둘러싼 경쟁은 더욱 심해졌다. 서부의 환경은 매우 열악했고, 아메리카 원주민의 습격을 받은 사람들도 많았다.

넓고 넓은 바닷가에 오막살이 집 한 채
고기 잡는 아버지와 철모르는 딸 있네
내 사랑아 내 사랑아 나의 사랑 클레멘타인
늙은 아비 혼자 두고 영영 어딜 갔느냐

우리에게도 잘 알려진 《클레멘타인》의 가사이다. 이 노래는 원래 골드러시 시기에 포티 나이너들이 불렀던 노래였다. 가사를 20세기 초 우리나라의 현실에 맞게 개사한 것으로 알려져 있다. 다음은 원래 가사이다.

In a cavern, in a canyon Excavating for a mine

Lived a miner forty-niner. And his daughter Clementine

Oh, my darling, oh, my darling. Oh, my darling

Clementine

You are lost and gone forever. Dreadful sorry, Clementine

Light she was and like a fairy. And her shoes were

number nine

Herring boxes without topses. Sandals were for

Clementine

Oh, my darling, oh, my darling Oh, my darling

Clementine

You are lost and gone forever. Dreadful sorry, Clementine

Drove her ducklings to the water. Every morning just at

nine

Hit her foot against a splinter. Fell into the foaming brine

Oh, my darling, oh, my darling. Oh, my darling

Clementine

You are lost and gone forever. Dreadful sorry, Clementine

Ruby lips above the water. Blowing bubbles soft and fine

But alas, I was no swimmer. So I lost my Clementine

Oh, my darling, oh, my darling. Oh, my darling

Clementine

You are lost and gone forever. Dreadful sorry, Clementine

Then the miner, forty-niner. Soon began to peak and
pine
Thought he oughta join his daughter. Now he s with his
Clementine
Oh, my darling, oh, my darling. Oh, my darling
Clementine
You are lost and gone forever. Dreadful sorry, Clementine

In my dreams she still doth haunt me. Robed in garlands
soaked in brine
Though in life I used to hug her. Now she s dead, I draw
the line
Oh, my darling, oh, my darling. Oh, my darling
Clementine
You are lost and gone forever. Dreadful sorry, Clementine

동굴에서, 협곡에서 금광을 찾아 땅을 파헤치며
포티 나이너 시절에 한 금광부가 그의 딸 클레멘타인과
살았다네.
오 내 사랑, 오 내 사랑. 오 내 사랑 클레멘타인아,
네가 세상을 떠나 영원히 먼 길을 갔으니 참으로 슬프구나,
클레멘타인아.

그녀는 쾌활하였고 요정 같았지. 그녀의 신발치수는 9호였네.

덮개 없는 청어상자로 만든 샌들이 클레멘타인이 신고 다니는
신발이었네.

오 내 사랑, 오 내 사랑. 오 내 사랑 클레멘타인아,

네가 세상을 떠나 영원히 먼 길을 갔으니 참으로 슬프구나,
클레멘타인아.

그녀는 새끼오리들을 물가로 몰고 갔어. 매일 아침 9시 정각이면
말이야.

어느 날 그녀의 발이 나무토막에 부딪혀 그녀는 그만 거친
바다에 떨어져 버렸어.

오 내 사랑, 오 내 사랑. 오 내 사랑 클레멘타인아,

네가 세상을 떠나 영원히 먼 길을 갔으니 참으로 슬프구나,
클레멘타인아.

물위에 떠오른 루비 같은 그녀의 입술. 입에서 나오는 거품이
맑고 순수하였네.

그러나 슬프도다, 나는 헤엄을 못 치는 바보. 그렇게 나는 나의
클레멘타인을 잃었다네.

오 내 사랑, 오 내 사랑. 오 내 사랑 클레멘타인아,

네가 세상을 떠나 영원히 먼 길을 갔으니 참으로 슬프구나,
클레멘타인아.

그래서 포티 나이너는 차츰 몸이 여위어 갔네.

그의 딸과 함께 지내야 하겠다고 생각하여 그는 지금 그의 딸

클레멘타인 곁에 있다네.

오 내 사랑, 오 내 사랑. 오 내 사랑 클레멘타인아,

네가 세상을 떠나 영원히 먼 길을 갔으니 참으로 슬프구나,

클레멘타인아.

언덕위에 있는 교회묘지에는 꽃들이 무성하게 자라 뒤엉켜 있지.

꽃중에 장미가 잘 자라는데, 클레멘타인이 땅을 기름지게

했나봐.

오 내 사랑, 오 내 사랑. 오 내 사랑 클레멘타인아,

네가 세상을 떠나 영원히 먼 길을 갔으니 참으로 슬프구나,

클레멘타인아.

내 꿈속에서, 그녀는 여전히 내게 나타나네. 바닷물에 흠뻑 젖은

찢긴 옷을 입고서.

생전에는 내가 그녀를 자주 껴안았었지만, 이젠 그녀가 떠났기에

나는 선을 그어야 했네.

오 내 사랑, 오 내 사랑. 오 내 사랑 클레멘타인아,

네가 세상을 떠나 영원히 먼 길을 갔으니 참으로 슬프구나,

클레멘타인아.

이제 스카우트 단원 여러분들은 이 작은 내 이야기를 듣고

교훈을 배웠을거야.

인공호흡만 했어도 내 클레멘타인을 살릴 수 있었지.

오 내 사랑, 오 내 사랑. 오 내 사랑 클레멘타인아,

네가 세상을 떠나 영원히 먼 길을 갔으니 참으로 슬프구나,

클레멘타인아.

그녀가 얼마나 보고 싶은지, 얼마나 그리운지. 나는 내
클레멘타인이 몹시 보고 싶었네.
그 후 나는 그녀의 여동생와 키스하고 내 사랑 클레멘타인을
잊게 되었네.
오 내 사랑, 오 내 사랑. 오 내 사랑 클레멘타인아,
네가 세상을 떠나 영원히 먼 길을 갔으니 참으로 슬프구나,
클레멘타인아.

이 노래는 포티 나이너들의 허탈감을 잘 표현하고 있다. 일확천금을 꿈꾸고 캘리포니아로 이주했지만, 이들을 반겨준 것은 금이 아니었다. 이질적인 환경과 혹독한 현실 속에서 이들은 이렇게 자조적인 노래를 불렀던 것이다.

실제로 부를 축적한 사람들은 포티 나이너가 아니었다. 이들을 대상으로 여관과 음식점을 운영했던 사람들이었다. 이렇게 수많은 사람들이 몰리면서 캘리포니아는 미국 역사상 가장 빠른 기간 내에 주로 승격되었다. 그리고 로스 엔젤레스나 샌디에이고, 샌프란시스코 등 도시들이 발전하기 시작했다.

19세기 중반부터 미국에는 이민이 급증하기 시작했다. 유럽에서 출발한 이민들은 뉴욕의 엘리스 아일랜드로 입국했고, 아시아에서 출발한 이민들은 샌프란시스코의 엔젤 아일랜드로

입국했다. 엔젤 아일랜드는 샌프란시스코 북쪽에 위치한 섬이다. 1910년부터 1940년까지 약 100만 명의 아시아 이민들이 이 섬을 통해 미국으로 입국했다.

엔젤 아일랜드를 통해 미국으로 가장 많이 입국하고자 했던 사람들은 중국인들이었다. 하지만 미국은 중국인 이민들을 그다지 반기지 않았다. 엔젤 아일랜드에 도착한 중국인들은 입국을 위해 평균 3주 이상 기다려야 했다. 가장 오랫동안 기다린 사람은 무려 22개월 동안 기다리기도 했다. 입국 거부율은 평균 18% 정도로, 엘리스 아일랜드보다 6배 이상 높았다.

1882년에 연방정부는 '중국인 배척법'을 제정했다. 법의 주요 내용은 20년 동안 중국인의 시민권 획득과 이민을 금지한다는 것이었다. 이유는 간단했다. 중국인들 때문에 백인들이 일자리를 잃을지도 모른다는 두려움과 미국 서부 지역에 아시아 이민들이 많아질 것이라는 걱정이 때문이었다.

당시 공식적인 통계 자료에 따르면, 서부 지역 내 중국인의 수는 약 10만 명 이상이었다. 비공식적으로는 약 30만 명으로 추정하고 있다. 골드러시 이후 수많은 중국인 노동자들이 미국으로 유입되었다. '쿨리'라고 불렸던 이들은 부지런하고 성실했다. 서부로 물자와 사람들을 수송하기 위해 부설된 대륙횡단철도도 이들 덕분에 가능했다.

백인들과 아시아 이민들이 몰려들면서 샌프란시스코의 규모

존 가스트(John Gast), 《미국의 전진》, 1872년 作. 존 가스트는 브루클린에서 주로 활동했던 미국 화가이다. 서부로의 팽창과 미국의 제국주의적 정책을 강조하는 "명백한 운명"을 정당화시키는 《미국의 전진》은 그의 대표적인 작품이다. 그림의 중앙에는 서부로 금과 영토를 찾아 이동하는 백인들과 이들을 수호하는 콜럼비아 여신의 모습이 그려져 있다. 이를 통해 미국의 팽창과 전진이 당연한 역사적 사명임을 보여준다.

조지 벨로우즈(George Bellows), ≪암굴 거주민≫, 1913년 作. 조지 벨로우즈는 20세기 초 미국사회의 현실을 그림에 반영하고자 노력했던 화가이다. 다양한 이민들의 모습에도 많은 관심을 가지고 있었는데, ≪암굴 거주민≫은 아무 것도 가진 것 없이 미국으로 건너와 빈민굴에 모여 살던 이민들의 모습을 그렸다. 그는 백인들의 문화와 가치뿐만 아니라 이민들의 역사와 문화 역시 독자적인 미국문화를 만드는 중요한 요소라고 생각했다.

의 커지자 연방정부는 이 지역에 미합중국 육군 기지를 건설했다. 알카트라즈는 미국내전 때까지는 육군 기지로 사용되었다. 그리고 전쟁이 끝난 후부터는 군법을 어긴 사람들을 수용하는 감옥으로 이용되기 시작했다.

알카트라즈는 '탈출이 불가능한 교도소'로 유명하다. 당시 샌프란시스코 앞바다에 상어가 자주 출몰했기 때문이라고 알려져 있다. 이와 더불어 주변의 조류 흐름이 급속하고, 수온이 낮아 탈출이 쉽지 않다고 한다. 하지만 실제 기록에 따르면, 총 14번의 탈옥이 있었다.

헨리 영의 사건이 알려지면서 비록 죄수일지라도 처벌보다는 교화가 더 중요하다는 인권운동가들의 주장이 더욱 거세졌다. 설상가상으로 교도소를 운영하는 비용을 감당하지 못해 결국 알카트라즈는 1963년에 폐지되었다. 그런데 이 교도소에 미국 연방헌법 수정조항 제 18조를 위반한 혐의로 수감된 사람이 있었다.

1920년 1월 16일에 비준된 미국연방헌법 수정조항 제 18조의 내용은 다음과 같다.

제 1조

이 조항이 비준된 지 1년 후, 주류의 제조, 판매, 또는 운송, 수입, 수출은 미국과 모든 사법권이 미치는 영토에서 음료용 주류는 금지된다.

제 2조

의회와 여러 주는 적절한 사법 조치를 취함으로써 이 조항을 동시에 강제할 수 있는 억제력을 행사한다.

제 3조

이 조항은 여러 주의 입법 기관에 의해 헌법의 수정안으로써 상정된 지 7년 이내 비준받지 못한다면 무효화될 것이다.

이 조항은 1933년 미국연방헌법 수정조항 제 21조에 의해 폐지되었다. 바로 금주법이다.

미국에서 금주법이 시행되는 동안 유달리 맥주가 대량으로 공급되던 도시가 있었다. 바로 시카고였다. 당시 시카고에서는 맥주를 제조하던 양조장을 숨기기 어려웠다. 그래서 공무원들에게 뇌물을 주고, 맥주를 생산했다.

맥주 1배럴의 생산 원가는 4달러였던 반면, 판매 가격은 55달러였다. 1927년에만 약 1억 5천 만 달러를 벌었다. 엄청난 이득이었는데, 세금은 한 푼도 내지 않았다. 금주법을 위반한 죄로 그는 알카트라즈 교도소에 수감되었다. 바로 미국에서 가장 유명한 마피아 알 카포네Al Capone였다.

알 카포네는 뉴욕 브루클린에서 태어난 이탈리아 이민이었다. 1919년에 시카고로 이동했다. 1925년에 아일랜드 마피아와 벌인 전쟁에서 승리함으로써 도시 전체를 장악했다. 수많은 폭력과 살인 사건의 배후에 있었는데, 당시 20대 중반이었다. 하지만 경찰 및 정계와의 유착 관계가 심해 살인으로 체포하기 어려웠다. 결국 금주법 위반 및 탈세 혐의로 구속해 알카트라즈에 투옥시켰다.

금주법 제정에 가장 적극적인 역할을 담당했던 것은 기독교 복음주의자들이었다. 미국에서 금주법 제정은 1851년으로 거슬러 올라간다. 금욕과 절제를 강조하는 청교도 영향을 많이 받았던 메인 주에서 금주법을 제정했다. 이후 여러 주에서도 자체적으로 금주법을 시행했다.

1919년 10월 28일, 보수 시민단체인 반²살롱 연맹의 주도로 '볼스테드 법'이 제정되었다. 당시 하원 사법위원장 앤드루 볼스테드Andrew Volstead의 이름을 딴 것이다. "이 법에 의해 허용된 경우를 제외하고, 어느 누구도 독주를 제조하거나 팔거나, 운송이나 수입 및 수출할 수 없다"는 것을 명시했다. 그리고 볼스테드 법은 여러 주에서 시행하던 금주법을 대체했다.

기독교 근본주의자들뿐만 아니라 많은 사람들이 금주법을 찬성했다. 당시 미국은 급속한 산업화가 시작되고 있었다. 자본가들은 노동자들의 음주가 생산성을 저하시킨다고 생각했다. 여성 단체 역시 음주가 가정의 경제적 빈곤을 초래한다고 주장하면서 금주법 제정을 적극적으로 찬성했다.

1917년에 미국은 제1차 세계대전에 참전했다. 이후 적국 독일에 대한 반감이 당시 독일인들이 주도했던 맥주 산업으로까지 확산되었다. 그리고 결국 미국연방헌법 수정조항 제18조로 제정된 것이다.

1830년대에 콜레라가 만연했을 때에도 금주법 제정을 주장하는 사람들이 등장했다. 1832년에 미국에서 가장 큰 도시였던 뉴욕에서 콜레라가 발생했다. 사망률은 50% 이상이었다. 하지만 당시 의학 수준으로는 콜레라의 발생 원인을 밝히거나 효과적으로 치료하는 것이 불가능했다. 많은 사람들은 무절제하고 부도덕한 생활 때문에 콜레라가 발생했다고 믿었다. 이들은 아일랜드인들을 비롯한 특정 이민들을 비난했다. 그리고 미국사회의 도덕적 개혁을 통해 치명적인 유행성 전염병을 극복할 수 있다고 주장했다.

당시 치명적인 콜레라의 발생을 둘러싸고 미국에서는 두 가지 주장이 대립했다. 한 가지는 영국을 비롯한 다른 지역들과 마찬가지로 오염된 공기 때문에 콜레라가 발생한다는 주장이었다. 다른 한 가지는 사람이나 물건 등으로부터 질병이 전염된다는 것이었다.

이러한 주장들은 이미 18세기 말부터 계속 되어 왔다. 1793년에 필라델피아에서는 황열병이 발생했다. 황열병은 주로 이집트숲모기 Aedes aegypti에 의해 전염되는 치명적인 유행성 전염병으로 황달과 심한 출혈을 동반한다.

파벨 페도토프(Pavel Andreyevich Fe-dotov), ≪콜레라 탓≫, 1848년 作. 파벨 페도토프는 러시아의 대표적인 풍속화가이다. 19세기 중엽 러시아 민중의 삶을 해학과 풍자를 활용해 그림으로 그렸다. 그의 그림은 유머러스하지만 현실을 신랄하게 비판하고 있는데, ≪콜레라 탓≫ 역시 익살스러운 분위기로 당시 영국을 비롯해 유럽 전역에 급속하게 확산된 콜레라를 제대로 통제하지 못하는 사회를 풍자하고 있다.

1793년 8월에 나타난 이 전염병은 약 3개월 동안 발생했다. 이 시기에 필라델피아 인구의 약 10%에 해당하는 5천 명 이상이 황열병으로 사망했다. 그리고 2만 명이 도시를 버리고 다른 곳으로 떠났다. 당시 영국으로부터 독립한 지 얼마 되지 않은 신생국 미국에서는 그야말로 대재앙이었다.

미국에서의 황열병 발생 원인을 둘러싸고 의사들 사이에서 논쟁이 발생했다. 어떤 의사들은 필라델피아를 비롯해 도시들이 오염되었기 때문이라고 주장했다. 따라서 황열병은 미국에서 발생한 전염병이라고 강조했다.

하지만 다른 의사들은 황열병이 외부에서 발생한 유행성 전염병이라고 주장했다. 당시 아이티 혁명을 피해 미국으로 입국한 아메리카 원주민들이 필라델피아로 이주했기 때문이다. 황열병의 발생 원인은 19세기 말이 되어서야 밝혀졌다. 따라서 이와 같은 논쟁은 이후 치명적인 유행성 전염병이 발생할 때마다 반복되었다.

1830년대에 콜레라가 발생했을 때에도 상황은 크게 다르지 않았다. 1832년 6월 21일, 뉴욕 주 보건국은 새로운 공중보건법을 제정했다. 캐나다 온타리오 주와 퀘벡 주에서 뉴욕 주로 이동하는 사람들과 상품들은 철저하게 검역한다는 내용의 법이었다. 유행성 콜레라가 당시 미국으로 입국하는 이민들 때문에 발생한다고 생각하는 사람들이 많았기 때문이다.

뉴욕에서는 콜레라 환자들을 수용하는 임시 병원을 설립했다. 그리고 건강한 사람들로부터 환자들을 격리시켰다. 하지만 이러한 조치에도 불구하고, 콜레라 사망자 수는 계속 급증했다. 여러 가지 조치들에도 불구하고, 상황은 악화되기만 했다. 그러자 콜레라가 부도덕한 인간에 대해 신이 내리는 벌이라는 주장이 나타나기 시작했다.

청교주의는 오랫동안 미국사회의 전통이었는데, 금욕과 절제를 강조했다. 하지만 자본주의가 발전하면서 많은 사람들이 더 이상 청교주의가 미국사회에 적합하지 않다고 생각했다. 보수적인 기독교 복음주의자들은 콜레라를 세속적이고 탐욕스러운 사람들에게 내리는 벌이라고 생각했다.

당시 미국에서는 제 2차 신앙대각성 운동이 벌어지고 있었다.

신앙대각성 운동에서는 회개와 하느님의 은총을 강조하면서 성경 연구와 전도를 적극적으로 수행한다.

제1차 신앙대각성 운동은 1730년대부터 약 10년 동안 나타났다. 하지만 오히려 교회를 분열시킨다는 비판을 받았다. 19세기 초에는 미국사회를 정화시키고자 하는 움직임이 나타났다. 이들은 인간의 원죄를 회개하고, 도덕적 완전성을 추구하고자 했다. 이 운동은 뉴잉글랜드 지역을 중심으로 시작되어 미국 전역으로 급속하게 확산되었다. 무엇보다 '도덕적 생활'을 강조했다.

많은 사람들이 제2차 신앙대각성 운동으로부터 영향을 받았다. 이들은 이제 콜레라를 통제할 수 있는 유일한 방법은 도덕개혁이라고 믿었다. 콜레라가 확산됨에 따라 '도덕적 정화'를 통해 전염병을 예방할 수 있다고 믿는 사람들이 더욱 급증했다. 이러한 주장은 음주를 하거나 성적으로 방탕한 생활을 하는 사람들 사이에서 콜레라가 더 빈번하게 발생한다는 보고서가 발표된 이후 더욱 강력한 지지를 얻었다.

1830년대에 미국에서 발생했던 콜레라는 미국사회를 개혁하려는 계기를 제공했다. 원인조차 알 수 없는 치명적인 유행성 전염병은 전통적인 청교주의에서 강조했던 금욕과 절제, 그리고 도덕적 생활로의 복귀를 강조하는 또 다른 수단이었다.

4. 괴질과 호열자

『조선왕조실록』≪순조실록≫ 24권, 8월 15일에는 다음과 같은 기록이 등장한다.

"都下輪行怪疾, 漸有熾盛, 民情騷擾云, 誠爲可悶。 限五日勿 爲禁屠事, 分付各司。"

"도성에 유행하는 괴질(怪疾)이 점차 치성하여 민심이 뒤숭숭하다고 하니, 참으로 민망스럽다. 5일을 한하여 도살을 금하지 말라고 각 사(各司)에 분부하라."

또한 25권 7월 22일에는 이러한 기록이 등장한다.

"近聞都下怪疾, 尙多死亡之患, 而昨見海伯狀啓, 道內死亡, 至 於萬餘人之多, 聞極驚惻。 海西湖南, 雖請別厲祭, 湖西則姑無 死亡實數之狀聞者, 嶺南與他道則, 寂然果無流行之患而然歟? 自該曹, 關問各道, 其死亡尤甚處別厲祭, 及慰安祭, 依昨年兩 西例爲之, 京中別 祭, 亦依例設行。"

"요사이 들으니, 도성에 괴질(怪疾)로 아직도 사망의 염려가 많다고 하는데, 어제 해서 도백의 장계를 보니, 도내의 사망자가 자그마 치 1만여 명이나 된다고 하였으니, 듣기에 매우 놀랍고 측은하다.

명화로 읽는 전염병의 세계사

해서 호남에서는 별여제 別厲祭를 지낼 것을 청하였지만, 호서에서는 아직까지도 사망자의 숫자를 보고한 적이 없고 영남과 다른 도는 아무 소식이 없으니, 과연 전염병이 없어서 그런 것인가? 해조 該曹에서 각 도에 공문을 보내 물어보되, 사망자가 특히 많은 곳은 별여제와 위안제를 작년 양서에서 하던 예에 따라 거행하고, 서울의 별여제도 전례대로 설행하게 하라."

《조선왕조실록》에 등장하는 이 괴질은 바로 콜레라이다. 이 기록은 콜레라 발병과 관련된 첫 공식 기록이다. 영국이나 미국 등 다른 나라와 마찬가지로 우리나라에서도 19세기 초에 처음 발생한 것으로 추정된다.

당시 기록에 따르면, 1821년에 우리나라에서 콜레라로 사망한 사람들의 수는 약 50만 명에 달했다. 이후 1886년과 1895년에도 유행성 콜레라가 발생해 수많은 사람들이 목숨을 잃었다.

우리나라에서 처음 콜레라가 발생했을 때 많은 사람들은 이 질병을 '괴질'이라고 불렀다. 정체를 알 수 없는 낯선 질병이라는 의미이다. 이후 사람들은 콜레라를 '쥐통'으로 부르기 시작했다. 잠자는 사람의 다리 위로 쥐가 올라오다가 배에 도달했을 때 쥐의 귀신이 인간 몸속으로 스며들어 배 근육이 경련을 일으킨다고 생각한 것이다.

1895년 7월에 콜레라가 유행했다. 기록에 따르면, 당시 서울에서만 사망자가 5천 명 이상이었다. 『조선왕조실록』 《고종실록》 33권, 윤 5월 14일에는 "내부령 内部令 제 2호, 〈호열자병 예방 규칙 虎列刺病豫防規則〉을 반포하였다"는 기록이 있다.

이 시기에 사람들은 콜레라의 원인을 몰랐다. 원인도 모른 채 사망하는 것을 본 사람들은 마치 '호랑이에 찢겨죽는다'는 의미에서 이 전염병을 '호열자'라고 불렀다.

〈호열자병 예방 규칙〉에서는 다음과 같이 서술하고 있다.

"호열자는 전염병 중 사납고 모질기가 가장 심해 그것이 만연하고 유행할 때 그 흉포성과 참학스러움은 세상 사람들이 익히 아는 바이다. 병독은 일종의 세균인데, 환자의 토사물에 포함되어 있기 때문에 병을 예방하려면 토사물과 그 밖의 오염물을 소독하는 것이 좋다."

작자 미상, 《고양이》, 연대 미상. 우리나라에서는 콜레라를 쥐통이라고 불렀다. 그래서 민간에서는 콜레라 환자가 발생하면 고양이의 영혼에 기도하거나 문이나 방에 고양이 그림을 붙이기도 했다. 물론 아무런 효험도 없었다.

이와 같은 기록을 토대로 생각해본다면, 이미 19세기 말, 우리나라에서는 세균에 의해 호열자가 발생하고 확산된다는 것을 알고 있었다.

1894년 7월, 우리나라에서는 일련의 개혁이 시작되었다. 청일전쟁 이후 일본은 우리나라 내정개혁을 요구했다. 우리나라를 식민지로 만드는 과정에서 책임을 묻고, 방향을 설정하는 정부가 필요했기 때문이다. 역사학자들은 온건개화파를 중심으로 단행된 이 개혁을 '갑오개혁甲午改革'이라고 부른다.

정치적으로는 기존의 6조를 8아문으로 개편하고 내각을 설치했다. 이를 정부의 실질적 기구로 만들고, 왕의 권한을 축소시켰다. 그리고 지방관의 사법권과 군사권을 박탈함으로써 지방행정을 중앙에 예속시켰다. 경제적으로는 은본위 제도를 채택하고, 도량형을 통일했다. 노비 매매도 금지했다.

태양력도 사용하고, 소학교를 설치했다. 하지만 단발령을 강제로 시행하면서 전국적으로 반反개화 정서를 초래했다. 결국 개혁을 주도했던 김홍집이 피살되면서 갑오개혁은 막을 내렸다.

갑오개혁으로 설치된 8아문 가운데 하나는 내무아문內務衙門이었다. 내무아문에 포함된 부서에는 위생국이 있었다. 여기에서는 전염병 예방과 의약, 그리고 우두를 관리했다. 1895년에 호열자가 전국적으로 유행했다. 그러자 내무아문에서는 제중원 의사 에비슨Oliver Avision을 호열자 방역 총책임자로 임명했다.

그는 호열자 환자 수용소를 만들었다. 이는 환자를 건강한 사람으로부터 격리시키기 위한 것이었다. 에비슨은 제중원에서 수천 명에 달하는 호열자 환자들을 치료했다. 당시 그가 취했던 치료 방법은 생리식염수를 투입해 탈수를 예방하는 것이었다. 이와 더불어 환자의 체온을 높여 신진대사를 돕는 것이었다. 이와 같은 에비슨의 치료 방법은 당시 사람들에게 매우 신기한 치료법이었다.

에비슨은 우리나라 백성들에게 호열자를 교육하는 것에도 많은 관심을 가졌다. 그는 호열자가 귀신에 의해 발생하는 것이 아니라는 사실을 알려야 한다고 생각했다. 그래서 호열자가 병균이라는 작은 벌레에 의해 발생한다는 내용의 포고문을 붙이도록 했다. 이 벌레는 끓이면 잘 죽고, 손을 깨끗하게 씻으면 쉽게 전염되지 않는다고 교육하기도 했다.

당시 에비슨이 오늘날과 같은 의학적 지식을 가지고 있었던 것은 아니었다. 하지만 오랫동안 우리나라 사람들은 질병이 신이나 귀신 때문에 발생한다고 믿었다. 따라서 그의 주장은 상당히 획기적이었다.

우리나라에서 호열자가 치명적인 영향을 미친 것은 19세기 뿐만이 아니었다. 20세기 초에도 호열자는 빈번하게 발생했다. 1909년 7월 말에 부산에서 호열자가 발생했다. 9월 초에는 서울까지 확산되었다. 9월 말까지 사망자 수는 무려 5백 명 이상에 달했다.

치명적인 유행성 전염병에 대한 두려움은 급속하게 확산되었다. 관공서는 문을 닫았고, 학교는 휴교했다. 상점도 문을 닫아 거리를 다니는 사람들이 거의 없었다.

9월 24일 『대한매일신보 大韓每日申報』에는 다음과 같은 기사가 실렸다.

> "호열자는 본래 쥐통이라 칭하던 괴질이니, 이 병에 걸리면 완전히 쥐 같은 물건이 사지로 올라오고 내려오는 것 같으며, 운신도 임의로 못 하며, 뼈만 남아 죽는 고로 쥣통이라 한다. 이 병이 한 집에 들어가면 한 집의 사람이 거의 다 죽고, 이 고을에서 저 고을로 칡덩굴같이 뻗어가며 일거에 일어난 불같이 퍼져 나간다."

이 시기에 발생했던 콜레라로 약 1천 2백 정도가 사망했다. 수 만 명 이상이 사망했던 19세기 말에 발생했던 것과 비교한다면, 상당히 경미한 것이라 할 수 있다. 에비슨을 중심으로 정부에서 주도했던 격리와 소독, 방역이 콜레라를 예방하는 데 중요한 역할을 담당했다. 또한 여러 신문들에서 소개했던 예방법 덕분에 국민들의 위생 의식이 향상된 덕분이었다.

당시 『황성신문 皇城新聞』에서도 다음과 같이 콜레라 예방법을 소개했다.

> "1. 콜레라를 가장 빠르게 전파시키는 것은 냉수이니 무조건 물은 끓여서 마시고, 세면, 식기 세척, 세탁 등에도 깨끗한 물을 사용할

것. 2. 식수 이외의 음식물도 반드시 익혀 먹을 것. 찬밥이나 익히
지 않은 채소는 먹지 말 것. 감염된 환자의 집이나 그 부근에서 만
든 음식은 먹지 말 것."

이와 같은 위생 개혁운동은 '호열자'라는 끔찍한 이름으로 불
렸던 콜레라를 예방하는데 상당한 도움이 되었다. 오랫동안 우
리나라에서 의학은 주로 지배층을 위해 존재했다. 대부분의 백
성들은 한약이나 침조차 제대로 쓰지 못했다. 그 결과, 주술이
나 민간 신앙에 많이 의존할 수밖에 없었다.

콜레라처럼 치명적인 유행성 전염병은 원인이나 치료법을 모
르면 확산을 막는 것이 쉽지 않다. 18세기 말, 치명적인 영향을
미친 콜레라를 계기로 우리나라에서도 점차 공중보건과 위생
개혁에 관심을 가지기 시작했다. 그리고 이는 근대의학이 발전
하는 계기가 되었다.

리처드 테넌트 쿠퍼(Richard Tennant Cooper), ≪죽음의 천사≫, 1912 作. 장티푸스를 주제로 한 이 그림은 죽음의 천사가 마을 근처의 강에 치명적인 물질을 떨어뜨리는 모습을 상상해서 그렸다.

4. 장티푸스

: 살모넬라 균종의 특정 아종 <small>serovariant typhi, paratyphi</small>에
  의한 발열과 복통 질환

✚ 원인

살모넬라균종 중 특정 아종에 감염된 환자나 보균자의 소변이나
대변에 오염된 음식이나 물을 섭취했을 때 감염된다. 몸속으로 들어
온 균의 수가 백만~십억 개 정도일 때 감염을 일으킨다. 보균자가 부
주의하게 다룬 우유나 유제품도 감염의 원인이 될 수 있다.

✚ 증상

1~3주의 잠복기를 거치면 발열이 가장 주된 증상으로 나타난다.
이와 더불어 오한, 두통, 구토, 설사 등의 증상이 나타난다. 병이 경
과되면서 나타나는 증상이 달라지는데, 발병 첫 주에는 발열로 인해
체온이 서서히 상승하는 것이 특징이고, 둘째 주에는 복통과 피부 발
진이 나타난다.

✚ 검사

세균배양검사가 가장 기본이다. 감염 초기에는 혈액에서 균이 분리될 수 있으며, 감염 1주일 후에 소변이나 대변에서 균이 나타난다. 감염 2주 후 70%의 환자에서 혈청응집반응값이 4배 이상으로 나오지만, 검사 결과의 진단적 유용성은 떨어진다.

✚ 치료

퀴놀론계 항생제인 시프로플록사신 ciprofloxacin을 투여하거나 암피실린 ampicillin을 포함한 아미노페니실린계 항생제 또는 3세대 세팔로스포린 항생제를 투여할 수 있다. 담낭 보균자의 경우, 담석이 없으면 4~6주 동안 항생제를 투여하고, 담석이 있는 경우에는 담낭 제거술과 함께 2~3주 동안 항생제를 투여한다.

V

≪의사≫와
『안네의 일기』

V.
≪의사≫와
『안네의 일기』

"우리 시대 의사의 상태를 기록"하는 것에 관심을 가진 화가가 있었다. 영국 삽화가 사무엘 루크 필즈_{Samuel Luke Fildes}이다. 그가 의사를 그리게 된 것은 개인적인 경험과 관련 있다. 1877년 크리스마스 아침에 첫 아이를 장티푸스로 잃었기 때문이다. 그는 이러한 경험을 바탕으로 ≪의사≫를 그렸다.

그림 속에는 침대에 누워 있는 아이와 의사, 그리고 아버지가 등장한다. 아이가 죽어 가고 있지만, 의사의 얼굴에서 우리는 일말의 희망도 느끼지 못한다. 의사가 할 수 있는 것이라고는 아이를 지켜보는 것뿐이다. 부모 역시 마찬가지다. 우는 것 이외에는 아무 것도 할 수 없다.

장티푸스는 티푸스균 때문에 발생한다. 주된 증상은 피로감과 두통, 그리고 발열이다. 특히 고열로 2~3주 이상 고생하는 환자들이 많고, 설사를 동반하기도 한다. 19세기 말 장티푸스

사무엘 루크 필즈(Samuel Luke Fildes), 《의사》, 1891년 作. 사무엘 루크 필즈는 원래 신문 삽화가였다. 그는 삽화를 통해 가난과 불의에 대한 사람들의 생각을 바꿀 수 있다고 믿었다. 그래서 런던의 가난한 사람들을 사실주의 기법으로 묘사하는 흑백 삽화를 많이 그렸다. 이후 그는 영국 사회주의적 사실주의의 거장이 되었다. 《의사》는 첫 아들 필립을 잃은 자신의 개인적 경험을 그린 그림이다.

는 원인이나 치료법을 알지 못했던 치명적인 유행성 전염병이었다.

1899년~1902년까지 영국과 네덜란드 사이에서 전쟁이 발발했다. 전쟁터는 아프리카 최남단의 케이프 지역이었다. 이 지역은 원래 네덜란드의 식민지였는데, 1814년 영국이 점령했다. 당시 이 지역에 살던 네덜란드인들을 '보어인'이라고 불렀다. 이들은 케이프 북쪽으로 이동해 오렌지 자유국과 트란스발 공화국을 설립했다.

영국과 네덜란드 사이에서 분쟁의 대상이 된 것은 금광과 다이아몬드 광산이었다. 영국령 케이프 식민지와 오렌지 자유국 사이에서 다이아몬드 광산이 발견되었기 때문이다. 트란스발 공화국에서도 금광이 발견되었다. 영국의 입장에서는 탐이 나지 않을 수 없었다.

당시 이 지역에 주둔하고 있던 영국 병력은 약 50만 명 정도였다. 반면, 보어 병력은 10만 명도 채 되지 않았다. 1899년 10월 11일, 영국은 트란스발 공화국과 오렌지 자유국을 침공했다. 이 전쟁은 영국의 승리로 끝났고, 남아프리카 전역이 영국의 식민지가 되었다.

하지만 전쟁은 달콤한 승리만 가져다 준 것은 아니었다. 전쟁 기간 동안 영국군에서 장티푸스가 발생한 것이다. 무려 7만 7천 명이 장티푸스에 감염되었다. 그리고 이 가운데 1만 3천 명이 사망했다. 제 1차 세계대전 때까지 전쟁터에서 사망한 군인보다 전염병으로 사망한 군인의 수가 훨씬 많았다.

필즈의 ≪의사≫는 1949년 미국에서도 유명세를 탔다. 미국 제 33대 대통령 트루먼Harry S. Truman은 의료보험제도 개혁을 구상하고 있었다. 10년 동안 전 국민의 의료보험시행과 병원 증설, 의료인력 확대가 주된 내용이었다. 하지만 직원들의 의료보험료를 부담해야 하는 기업들과 정부의 의료비 간섭을 우려했던 미국병원협회, 그리고 미국의사협회는 이를 결사적으로 반대했다.

당시 미국의사협회는 필즈의 그림을 100주년 기념우표로 제작했다. 그리고 포스터로 제작해 6만 5천 부를 미국 전역에 배포했다. 이들은 의사들에게 이런 구호로 호소했다. "(이 그림에 정치는 넣지 말자)." 어떤 의미에서 필즈의 ≪의사≫는 미국 의료보험제도가 발전하는데 걸림돌이 된 셈이다.

오늘날 폴란드 오시비엥침 시에는 독일 제 3제국에서 규모가 가장 큰 강제 수용소가 있었다. 바로 아우슈비츠 비르케나우이다. 아우슈비츠는 나치 독일이 설치한 6개의 수용소 가운데 가장 악명이 높았다.

유럽 전역에 흩어져 살고 있던 유대인들을 '최종적으로 해결'하기 위해 설립했다. 1942년부터 1944년까지 유대인이라는 이유만으로 수백만 명의 사람들이 학살되었던 역사적 현장이다. 어떤 역사학자들은 이곳을 '세계 최대의 공동묘지'라고 부르기도 했다.

아우슈비츠 수용소는 크게 3개의 구역으로 나누어져 있다. 첫 번째 구역은 아우슈비츠 제 1 수용소이다. 전쟁 전 폴란드 군대가 사용하던 건물에 만들어졌다. 약 1만 5천 명 정도 수용되었다.

두 번째 구역은 제 2 수용소로 알려진 비르케나우 수용소이

Birkenau   Main entrance
(AUSCHWITZ II)

알프레드 칸터(Alfred Kantor), ≪비르케나우 정문≫, 연도 미상. 알프레드 칸터는 홀로코스트의 생존자이다. 1939년에 아우슈비츠 수용소에 수용된 그는 그림을 그리면서 죽음에 대한 공포를 이겨냈다. 제2차 세계대전이 끝나면서 자신이 그린 그림을 책으로 출간했다. 이는 아우슈비츠 수용소에서 어떤 일이 발생했는지 알려주는 중요한 역사적 사료이다.

다. 1944년에 이 수용소에는 유대인을 비롯해 집시 등 약 9만 명의 사람들이 수용되었다. 당시 아우슈비츠에서 가장 규모가 컸다. 이곳에는 시체를 소각하고 남은 재들이 아직도 가득하다. 세 번째 구역은 부나 보조 수용소인데, 당시 아우슈비츠에는 40개 이상의 보조 수용소가 있었다.

아우슈비츠 수용소에서는 인류 역사상 최대 규모의 유대인 학살이 자행되었다. 당시 기록에 따르면, 아우슈비츠로 이동한 유대인들은 절반 이상이 도착하자마자 가스실에서 죽음을 맞이했다.

1944년 9월 6일, 이곳에 한 소녀의 가족들이 끌려 왔다. 원래 독일 프랑크푸르트에서 살았다. 그녀의 가족들은 아돌프 히틀러 Adolf Hitler 가 정권을 잡자 네덜란드 암스테르담으로 이주했다. 1942년 6월 12일, 13번째 생일에 소녀는 일기장을 선물 받았다. 그녀는 이곳에 자신의 모든 비밀을 털어놓았다.

일기장의 이름은 '키티'였다. 여기에는 당시의 시대 상황이나 독일군에 대한 두려움, 은신처 생활, 본인의 내면에 대한 고백 등이 잘 나타나 있다. 1944년 8월 1일, 일기장은 다음과 같은 문장을 마지막으로 끝을 맺었다.

> "나를 믿고 싶어. 내 말을 듣고 싶지만, 별다른 효과가 없어. 조용하고 진지한 사람이라면 누구나 새롭게 행동한다고 생각하고, 내 자신을 구해야 해. 나를 아프다고 생각해서 아스피린과 진정제를 먹이고, 기분이 나쁘다고 해서 나를 속이는 가족에 대해서는 이야기하고 싶지 않아. 나는 더 이상 참을 수 없을 때 내 마음을 내버려 두려 해. 내가 되고 싶은 것과 될 수 있는 방법을 찾으려고 노력 중이야."

기 날 소녀를 비롯해 은신처에 숨어 살던 사람들은 아우슈비츠 수용소로 끌려갔다. 그리고 영국군에 의해 수용소에 갇힌 유대인들이 구출되기 한 달 전쯤 소녀는 사망했다. 지저분하고 열악한 수용소에서 걸린 장티푸스 때문이었다. 그 소녀는 바로 안네 프랑크_{Anne Frank}이다.

안네의 일기는 비서가 잘 보관하고 있다가 가족 중 유일하게 살아남은 아버지에게 전달되었다. 이후 출판되어 전 세계적으로 나치의 만행을 알리는 역사적 증언이 되었다. 16살의 어린 소녀의 목숨을 앗아갔던 치명적인 전염병인 장티푸스는 인류 역사 속에서 어떤 영향을 미쳤을까?

1. 펠로폰네소스 전쟁과 아테네 역병

독일 역사가 레오폴드 폰 랑케_{Leopold von Ranke}는 "있는 그대로의 역사"를 강조했다. 그는 역사 서술이란 원래 자료에 충실해야 한다고 주장했다. 어떠한 편견이나 선입견을 가지지 않고 객관적으로 서술해야 한다는 것이다.

랑케에게 역사가의 역할은 사실에 충실한 자료를 이용해서 과거에 있었던 사실을 그대로 알리는 것이었다. 이러한 역사적 객관주의의 기원은 기원전으로까지 거슬러 올라간다.

흔히 '역사학의 아버지'라 불리는 헤로도토스_{Herodotos}는 자신이 경험한 것만 서술하지 않았다. 그는 다른 사람들로부터 들은 것, 혹은 들었다고 전해지는 것뿐만 아니라 여러 지역의 신화나 전설 등을 함께 서술했다.

그러나 기원전 5세기경, 그리스 역사가 투키디데스Thukydides는 달랐다. 소문이나 전설과 같은 근거 없는 이야기는 철저하게 배제하고, 근거 있는 사실만 다루고자 했다. 그는 자신이 직접 목격하거나 경험한 일을 여러 가지 자료들과 증언들을 토대로 기록했다. 이와 같은 과정을 통해 역사는 비로소 '사실을 기록하는 학문'으로 부상했다.

투키디데스에게는 영웅의 업적이나 전쟁에서의 승리와 같은 훌륭한 일만 역사 기록의 대상이 아니었다. 조국이었던 아테네의 전쟁 패배처럼 좋은 않은 일까지 모두 포함되었다.

당시 아테네는 건국 이래 최고 전성기를 누리고 있었다. 그 계기는 페르시아 전쟁이었다. 기원전 525년 페르시아는 오리엔트를 통일하고, 유럽 쪽으로 세력을 팽창하기 시작했다. 이 때 마케도니아를 점령한 다리우스 1세Darius I의 군대를 막은 것은 트라키아에 주둔했던 아테네 장군 밀티아데스Miltiades였다.

기원전 499년에 소아시아 연안에 위치한 이오니아 지방의 도시들이 반란을 일으켰다. 다리우스 1세는 이를 진압하고, 이오니아 도시들을 점령했다. 그리고 자신의 팽창을 저지했던 트라키아 원정을 시작했다. 페르시아 군은 폭풍 때문에 3백 척의 전함과 2만 명 이상의 군사를 잃었지만, 가까스로 트라키아를 점령했다. 역사학자들은 이를 '제 1차 페르시아 전쟁'이라고 부른다.

페르시아 제국의 2차 원정은 기원전 490년에 시작되었다. 그리스 중남부에 위치한 아티카와 중앙에 위치한 에레트리아를 공격했다. 전쟁 명분은 이오니아 반란을 도왔다는 것이었다. 헤로도토스는 당시 페르시아 병력이 약 20만 명에 달했다고 기록하고 있다. 이에 비해 아테네의 병력은 1만 명 정도밖에 되지 않았다.

하지만 아테네는 페르시아에 크게 승리했다. 이는 팔랑크스 전술 덕분이었다. 보병인 호플리테스는 투구나 갑옷 등을 착용하고, 창과 방패로 벽을 만들었다. 이로써 적군의 무기가 아군을 공격할 수 없도록 한 다음, 2m 이상의 창으로 적군을 공격했다. 만약 사상자가 발생해 대열에 빈 곳이 생기면, 다른 사람이 재빨리 빈자리를 채웠다.

이 전쟁에서 페르시아 군은 6천 명 이상이 사망했다. 반면, 아테네 군의 사망자는 192명밖에 되지 않았다. 크게 패배한 페르시아 군대는 아테네 공격을 단념하고 철수했다. 다리우스 1세의 사망 이후 왕이 된 아들 크세르크세스 1세Xerxes I는 페르시아의 모든 물자와 군대를 소집했다. 그리스는 스파르타를 중심으로 동맹을 결성했고, 전쟁을 준비했다.

페르시아 전쟁의 운명을 결정한 것은 살라미스 전투였다. 스파르타 왕 레오니다스Leonidas는 그리스로 가는 통로인 테르모필레 지역을 지켰다. 하지만 내통자 때문에 전원 사망했다. 테

빌헬름 폰 카울바하(Wilhelm von Kaulbach), 《살라미스 전투》, 1868년 作.
테미스토클레스는 페르시아가 다시 그리스를 침공할 것이라고 예상했던 유일한
아테네의 지도자였다. 그의 선견지명 덕분에 아테네는 삼단노선을 구축해 전쟁에
서 승리할 수 있었다.

르모필레를 격파한 페르시아 군대는 그 여세를 몰아 아티카를
점령했다. 이때 아테네 장군 테미스토클레스Themistocles는 페르
시아 군을 폭이 좁은 살라미스 만으로 유인해 이들을 격파했
다. 결국 페르시아는 철수할 수밖에 없었다.

  페르시아 전쟁까지 그리스 군의 총 지휘권은 스파르타가 가
지고 있었다. 하지만 이후 지휘권은 아테네로 넘어갔다. 전쟁에
서 아테네가 페르시아를 물리치는데 중요한 역할을 담당했기
때문이다. 이후 아테네는 '델로스 동맹'에서 중심 역할을 맡게
되었다.

델로스 동맹은 그리스 도시국가들의 해군 동맹이다. 아테네의 정치가이자 장군인 아리스티데스Aristeides가 제안해서 결성되었다. 원래 목적은 페르시아 제국의 침입에 대비하고, 그 지배하에 있는 그리스 도시국가들을 독립시키는 것이었다. 하지만 이와 같은 목적을 달성한 이후에도 해산되지 않았다.

대신 기원전 454년에 동맹 본부와 금고를 오늘날 에게 해에 위치한 델로스 섬에서 아테네로 옮겼다. 이후 아테네는 페르시아 제국과 평화조약을 체결했다. 아테네의 이런 행위 때문에 다른 도시국가들의 불만이 확대되기 시작했다.

델로스 동맹 덕분에 아테네는 최강의 해군을 보유하게 되었다. 또한 동맹 금고를 기반으로 해상무역의 주도권을 장악하면서 막대한 부를 축적했다. 하지만 아테네의 패권이 확대될수록 이에 대한 반발 역시 증가했다. 당시 아테네는 델로스 동맹의 여러 도시국가들에 아테네의 법률을 따르도록 했다. 그리고 동맹에서 탈퇴하려는 도시국가를 무력으로 제압했다.

당시 그리스 남부에 위치한 펠로폰네소스 반도에 위치한 도시국가들은 또 다른 동맹 관계를 유지하고 있었다. 스파르타를 중심으로 하는 군사조약 및 동맹 관계였다. 역사학자들은 이를 '펠로폰네소스 동맹'이라고 부른다.

그리스 서북부에 위치한 케르키라 섬과 그리스 본토와 펠로폰네소스 반도를 연결하는 코린트 지협에 위치했던 코린토스 사이에 갈등이 발생했다. 당시 상업과 교역으로 번영을 누렸던 코린토스는 아테네의 해상 진출에 위협을 느꼈다. 그런데 케르키라와 코린토스 사이의 갈등에서 아테네가 케르키라의 편을 들었다.

아테네에 불만을 가진 도시국가들은 회의를 열고, 아테네와의 전쟁을 결정했다. 스파르타도 이 전쟁에 참여하게 되었다. 이 전쟁은 27년 동안이나 지속되었다. 전쟁의 승자는 스파르타였지만, 이후 그리스는 점차 몰락하기 시작했다.

투키디데스가 객관적인 시각으로 아테네의 패망을 기록한 것이 바로 『펠로폰네소스 전쟁사 The History of the Peloponnesian War』이다. 8권으로 구성된 역사서로서 기원전 411년까지만 기록된 미완성 저서이다. 아테네의 정치적, 경제적 번영과 펠로폰네소스 전쟁의 경과, 그리고 아테네의 몰락이 기록되어 있다.

투키디데스는 자신의 저서에서 기원전 430년에 아테네에서 갑자기 발생한 전염병에 대해 서도 언급하고 있다.

> "이 질병은 처음에는 에티오피아의 어떤 지역에서 시작되어 이집트와 아프리카로 확대되었다. 그리고 갑자기 아테네에서 발생했는데... 펠로폰네소스인들이 우물에 독을 풀었다는 소문이 있었다. 전염병은 빠르게 확산되기 시작했다."

미첼 스위츠(Michiel Sweerts), ≪아테네 역병≫, 1652-54년 作. 미첼 스위츠는 벨기에 화가로서 풍속화를 주로 그렸다. 특히 카드나 주사위 놀이를 하는 사람들의 모습을 많이 그렸다. 아테네 역병은 그의 가장 야심찬 작품으로서 그림을 통해 역사적 고고학적 지식이 해박함을 알 수 있다.

당시 아테네는 그리스 도시국가들 사이에서 최강의 해군을 자랑했다. 반면, 스파르타를 비롯해 펠로폰네소스 동맹국들은 대규모의 육군을 보유하고 있었다.

아테네 정치가 페리클레스Perikles는 해안에 위치한 아테네 성벽으로 후퇴했다. 그래서 아테네의 막강한 해군으로 스파르타 동맹군의 보급을 차단하고자 했다. 하지만 이와 같은 결정 때문에 수많은 사람들이 아테네로 몰려들었다. 이는 전염병이 급

명화로 읽는 전염병의 세계사

속하게 확산되는데 더없이 좋은 조건이었다.

투키디데스의 기록에 따르면, 이 전염병으로 아테네 시민의 1/3 이상이 사망했다. 당시 성벽 안에서 시체를 태우는 불길이 치솟자 스파르타 동맹군이 일시적으로 후퇴하기도 했다. 치명적인 전염병의 확산을 두려워했기 때문이다.

투키디데스는 "이 전염병에 걸린 사람들은 두통이 심하고, 눈이 충혈되며, 입과 목에서 피가 났다. 기침과 콧물이 났고, 가슴 통증이 발생하기도 했다. 구토나 설사도 있었다. 사람들은 이 병에 걸린 지 일주일 내에 사망했고, 그보다 더 오랫동안 버틴 사람도 결국 설사 때문에 사망했다"고 기록했다. 많은 학자들은 정확하지는 않지만, 아테네에 창궐했던 이 유행성 전염병이 장티푸스였던 것으로 추정하고 있다.

유행성 전염병은 아테네 시민들에게 치명적인 영향을 미쳤다. 전염병이 발생한 원인도 몰랐고, 치료 방법도 없었다. 시민들의 공포감은 계속 급증했다. 사람들이 할 수 있는 일이라곤 절망감에 빠져 죽음을 기다리는 것뿐이었다. 집과 거리에는 시처가 넘쳐 났고, 심지어 신전도 시신으로 가득 찼다.

이들이 오랫동안 숭배했던 아스클레피오스 신도 별다른 도움이 되지 못했다. 죽음의 공포에 사로잡힌 사람들은 쾌락에 집착하기 시작했다. 이제 그들에게 부나 생명은 덧없는 것이었다. 14세기 초 유럽 전역에 흑사병이 만연했을 때 "카르페 디엠"이 유행했던 것처럼 순간의 쾌락만이 그들에게 가장 중요한 것이 되었다.

이 치명적인 전염병은 펠로폰네소스 전쟁 도중에 발생했다. 전염병은 전쟁에 대한 아테네인들의 생각에 많은 영향을 미쳤다. 사람들은 전쟁을 결정한 페리클레스를 비난하기 시작했다. 전쟁을 중단하고, 평화조약을 체결해야 한다고 주장하는 사람들이 등장했다. 이와 같은 분위기 속에서 페리클레스는 다음과 같은 연설을 했다.

> "이번에 발생한 역병과 같이 예상하지 못한 사건이 일어나면 누구나 의기소침해지기 마련이지만, 여러분은 큰 도시의 시민으로서 그에 어울리는 생활방식에서 자란만큼 최악의 재앙에도 굳건히 버틸 각오를 해야 하며, 여러분의 명성에 먹칠해서는 안 됩니다... 이 전쟁은 단지 자유냐 예속이냐의 문제가 아닙니다. 우리가 지게 되면 위험해질 수 있습니다... 아테네가 온 세상에 명성을 날리는 것은 어떤 역경에도 굽히지 않고, 다른 어느 국가보다 전쟁으로 발생한 인명 손실과 노고를 더 많이 감내함으로써 역사상 최대의 힘을 갖게 되었기 때문입니다. 후세 사람들은 우리의 이 힘을 영원히 기억할 것입니다."

하지만 기원전 404년에 아테네는 스파르타에게 항복했다. 결국 펠로폰네소스 전쟁에서 패배한 것이다. 아네테는 모든 함대를 스파르타에 이양하고, 성벽을 허물었다. 그리고 델로스 동맹을 해산했다. 아테네에는 스파르타의 간섭을 받는 과두정부가 형성되었다.

아테네는 페르시아 전쟁 이후 에게 해 지역의 패권을 장악했다. 하지만 펠로폰네소스 전쟁에서 패배하면서 그리스의 정치적, 경제적 그리고 문화적 중심지로서의 기능을 상실했다. 전쟁

필립 폰 폴츠(Philipp von Foltz), ≪추도사를 하는 페리클레스≫, 1852년 作. 독일 역사화가인 필립 폰 폴츠는 전쟁과 역병으로 고통스러워하는 아테네 시민들에게 연설하는 페리클레스의 모습을 그렸다. 그는 이 연설에서 아테네가 페르시아에 승리할 수 있었던 것은 행운이 아니라 주체적이고 능동적인 아테네인들 때문이었다고 강조했다.

중에 발생했던 치명적인 전염병이었던 장티푸스가 아테네의 몰락을 가속화시켰던 것이다.

2. 온역과 『벽온방』

조선시대 최고의 의학서적은 『동의보감東醫寶鑑』이다. 어의 허준(許浚)이 왕명을 받아 처음에는 5명이 공동으로 편찬했다. 하지만 1597년에 정유재란丁酉再亂이 발발하면서 일시 중단되었다.

임진왜란壬辰倭亂의 정전회담이 결렬되자 도요토미 히데요시豊臣秀吉는 우리나라를 다시 침공했다. 초기에는 일본군이 우세했다. 1597년 우리나라 수군은 경상남도 거제시에 위치한 칠천량 해전에서 대패했다. 이때 남은 선박은 겨우 12척이었다. 당시 조정에서는 이순신李舜臣에게 육군에 종사하라고 명령했다. 하지만 그는 수군이야말로 승리의 핵심임을 잘 알고 있었다.

그의 이러한 생각은 『이충무공전서李忠武公全書』에도 잘 나타나 있다. 권 13, 부록 5, 행록 1에는 다음과 같은 내용이 등장한다.

"저 임진년壬辰年부터 지금까지 5~6년 동안 적이 감히 충청, 전라도를 곧장 돌진해 오지 못했던 것은 실상 우리 수군이 길을 막았기 때문입니다. 이제 제계 전선이 아직도 12척이나 남아 있습니다. 죽을 힘을 내어 항거해 싸우면 오히려 할 수 있는 일입니다.

이제 만일 수군을 모두 폐하여 버린다면 적은 천 번 만 번 다행한 일로 여길 뿐더러, 충청도를 거쳐 한강에까지 갈 것입니다. 바로 그것이 제가 걱정하는 바입니다. 그리고 또 전선은 비록 적지만, 제가 죽지 않는 이상 적이 감히 우리를 업신여기지 못할 것입니다.”

그 유명한 “신에게는 아직 12척의 배가 남아 있습니다”라는 말은 여기에서 유래된 것이다.

1579년 9월 15일, 이순신은 전라남도 해남군 문내면 우수영으로 이동했다. 당시 일본군은 133척의 선박을 이끌고 왔다. 이순신은 물 속 쇠밧줄을 이용해 일본 선박이 전진하지 못하도록 했고, 뒤따라 오던 선박이 충돌하게 하여 31척을 격파시켰다.

≪선조실록≫ 94권, 11월 1일에는 다음과 같은 기록이 등장한다.

“近又據陪臣兼三道水軍統制使李舜臣馳啓, 閑山島潰敗以後, 兵船·器械散失殆盡。 臣與全羅右道水軍節度使金億秋等, 收拾戰船一十三隻, 哨探船三十二隻, 於海南縣海路, 要口把截, 而有戰船一百三十餘隻, 從梨津浦前洋向來, 臣督水使金億秋·助防將裵興立·巨濟縣令安衛等, 各整兵船, 於珍島 碧波亭前洋, 與賊交鋒, 冒死力戰, 以大砲, 撞破賊船二十餘隻, 射殺甚多, 賊衆漂溺海中, 斬首八級。 賊船中有大船一隻, 建羽葆紅旗, 圍靑羅帳, 指揮諸賊, 圍把我船, 有鹿島萬戶宋汝宗·永登萬戶丁應斗, 繼至力戰, 又破賊船一十一隻, 賊大挫, 餘賊遠退。 有陣中投降倭, 指紅旗賊船, 認是安骨賊將馬多時。 獲賊物畫文衣、錦衣、漆函、漆木器、長(搶)〔槍〕二柄等因, 已經節次, 咨報查驗外。 今據前因照得, 自閑山陷敗之後, 迤南水路, 賊船縱橫, 衝突可虞, 卽目小邦水兵, 幸得少捷, 稍挫賊鋒, 因此賊船, 不得進入西海 ″

"근래 또 배신 겸 삼도 수군 통제사(近/道水軍統制使) 이순신(李舜臣)의 치계에 의하면, '한산도가 무너진 이후 병선과 병기가 거의 다 유실되었습니다. 신이 전라우도 수군 절도사 김억추(金億秋) 등과 전선 13척, 초탐선(哨探船) 32척을 수습하여 해남현(海南縣) 해로의 요구(要口)를 차단하고 있었는데, 적의 전선 1백 30여 척이 이진포(梨津浦) 앞바다로 들어오기에 신이 수사(水使) 김억추, 조방장(助防將) 배흥립(裵興立), 거제 현령(巨濟縣令) 안위(安衛) 등과 함께 각기 병선을 정돈하여 진도(珍島) 벽파정(碧波亭) 앞바다에서 적을 맞아 죽음을 무릅쓰고 힘껏 싸운 바, 대포로 적선 20여 척을 깨뜨리니 사살이 매우 많아 적들이 모두 바다속으로 가라 앉았으며, 머리를 벤 것도 8급이나 되었습니다. 적선 중 큰 배 한 척이 우보(羽葆)283) 와 홍기(紅旗)를 세우고 청라장(靑羅帳)284) 을 두르고서 여러 적선을 지휘하여 우리 전선을 에워싸는 것을 녹도 만호(鹿島萬戶) 송여종(宋汝悰)·영등 만호(永登萬戶) 정응두(丁應斗)가 잇따라 와서 힘껏 싸워 또 적선 11척을 깨뜨리자 적이 크게 꺾였고, 나머지 적들도 멀리 물러갔는데, 진중(陣中)에 투항해온 왜적이 홍기의 적선을 가리켜 안골포(安骨浦)의 적장 마다시(馬多時)라고 하였습니다. 노획한 적의 물건은 화문의(畫文衣)·금의(錦衣)·칠함(漆函)·칠목기(漆木器)와 장창(長槍) 두 자루입니다.'이미 절차대로 자보(咨報)하고,

사실을 확인하였습니다. 지금 앞서의 연유에 따르면, 한산도가
무너진 이후부터 남쪽의 수로(水路)에 적선이 종횡하여 충돌이 우려
되었으나, 현재 소방의 수군이 다행히 작은 승리를 거두어서 적
봉(賊鋒)이 조금 좌절되었으니, 이로 인하여 적선이 서해에는 진입
하지 못할 것입니다."

　명량해전에서 우리나라 수군은 단 1척도 피해를 입지 않았
다. 전사자는 2명, 부상자도 2명이었다. 그야말로 세계 해전사
에서 유래를 찾을 수 없는 완벽한 승리라고 할 수 있다. 명량해
전을 계기로 우리나라는 공격을 하게 되었고, 일본은 방어를

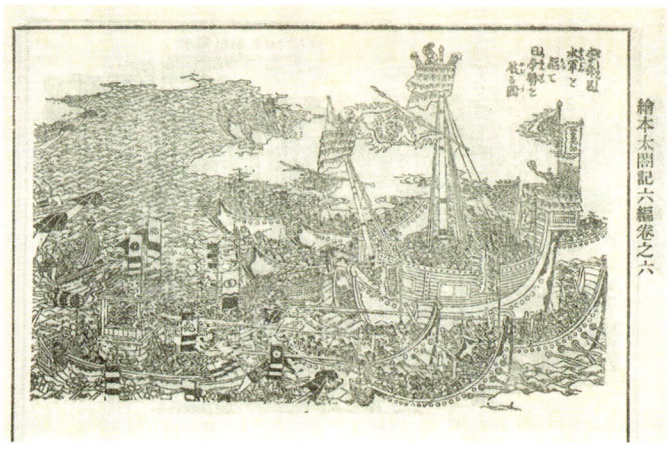

오카다 교쿠잔(岡田玉山), ≪명량해전≫, 1797-1802년 作. 오카다 교쿠
잔은 우키요에 화가이다. 그는 1791년~1802년에 일본에서 편찬된 『회
본 태합기(繪本太閤記)』라는 소설의 삽화를 그렸는데, 이 삽화는 임진
왜란과 정유재란 때 조선군이 일본군과 전투를 벌이는 모습을 묘사했다.

하게 되었다.

불리해진 일본은 다시 화의를 청했다. 명나라도 종전을 원했기 때문에 화의교섭이 시작되었다. 우리나라는 화의를 반대했기 때문에 교섭에서 제외되었다. 하지만 자국의 입장만 강조했던 화의교섭은 결렬되었고, 일본은 다시 전쟁을 시작했다.

일본은 울산왜성을 공격했지만 함락시키지 못했다. 당시 식량이 매우 부족한 상황이었기 때문에 일본군의 상황은 더욱 비참했다. 이런 와중에 도요토미 히데요시가 사망했다. 이에 일본군은 철수하기로 결정했다. 이순신이 노량해전에서 일본군을 격파했지만, 이들은 가까스로 귀환할 수 있었다. 그리고 정유재란은 종식되었다.

정유재란이 끝나자 선조는 허준에게 다시 명했다. 이번에는 허준이 단독으로 편찬하여 1613년에 간행되었다. '동의'란 중국과 비교될 수 있는 수준의 동쪽, 즉 조선의 의학 전통을 의미한다. '보감'이란 귀감을 의미한다. 따라서 『동의보감』은 조선의 의학 전통을 계승함으로써 중국과 조선 의학의 기준을 세웠다는 의미를 지니고 있다.

역사학자들은 『동의보감』의 원칙이 크게 다음과 같은 세 가지였다고 설명한다. ① 병을 치료하는 것보다 병을 예방하는 것이 중요하다. ② 당시 중국에서 수입되어 유통된 수많은 의학 서적들 가운데 요점만 간단히 설명한다. ③ 사람들이 쉽게 사용할 수 있도록 약초 이름을 한글로 사용한다. 따라서『동의보감』은 우리나라의 의학 전통을 계승하고, 우리 현실에 맞는 기준을 세우고자 했던 목적에 잘 부합하는 의학 서적이라 할 수 있다.

『동의보감』은 2권의 목차와 23권의 의학 내용으로 구성되어 있다. 그리고 의학 내용은 다시 ≪내경편內景篇≫과 ≪외형편外形篇≫, ≪잡병편雜病篇≫, ≪탕액편湯液篇≫, 그리고 ≪침구편鍼灸篇≫으로 구성되어 있다.

신체의 내부와 관련된 것은 ≪내경편≫에, 외부와 관련된 것은 ≪외형편≫에 기록했다. 약에 관련된 지식과 이론은 ≪탕액편≫에, 침과 뜸에 대한 내용은 ≪침구편≫에서 다루었다. 그리고 ≪잡병편≫에서는 ≪내경편≫이나 ≪외경편≫에서 다루지 않은 기타 질병에 대해 기록했다.

≪잡병편≫에 기록된 질병 가운데 한 가지는 바로 온역溫疫이다.『동의보감』에서는 온역이 발생하는 원인을 크게 두 가지로 구분했다. 한 가지는 나쁜 기운이다. 물이 제대로 흐르지 않아 더러운 것이 그대로 있거나 음식 등이 상해서 좋지 않은 냄새가 발생할 때 생긴다고 설명한다. 이는 19세기 중반까지 유럽과 전 세계적으로 만연했던 미아즈마 이론과 상당히 유사하다. 다른 한 가지는 기후 변화이다. 일반적으로 기후가 이상할 때 온역이 주로 발생했다. 그래서 사람들은 온역을 '시기병時氣病'이라

고 부르기도 했다.

온역은 어떤 질병일까. 온溫은 열이 나는 증상을 의미한다. 역疫은 집단 발병 및 전염을 뜻한다. 이러한 점에서 본다면, 많은 학자들은 동의보감에서 설명하는 온역이 오늘날 장티푸스와 상당히 일치한다고 주장한다.

『동의보감』에 따르면, 온병을 치료하기 위해서는 몸을 보신하고, 땀을 내며, 설사를 하도록 했다. 하지만 현실에서는 이러한 방법으로 치료하려 했던 사람들보다 주술적인 처방을 따르는 사람들이 더 많았다. 온역을 귀신 때문에 발생하는 재앙으로 인식했기 때문이다.

『동의보감』에서도 이와 같은 사회적 분위기에 대해 다음과 같이 서술하고 있다.

"온역 기운이 마을에 들어오지 못하게 하기 위해서는 벽사법辟邪法을 실행한다. 한 지역의 6합六合 방위에 깊이 3자, 넓이 3자로 땅을 파고 거기에 깨끗한 모래 3섬을 채운 다음, 그 위에 좋은 술 3되를 뿌리고 빈다. 그러면 6합 방위가 그해의 좋지 못한 기운을 빼서 온역의 기운을 억눌러 그 기운의 내침을 막아주기 때문에 온역에 효과가 있다."

그밖에 다른 기록들도 존재한다.

"온역이 몸에 들어오지 못하게 하려면 도소음桃蘇飮, 노군신명산老君神明散, 태창공벽온단太倉公辟瘟丹 따위의 약을 먹거나 허리춤에 찬다. 이런 약들은 몸을 넘보는 사기를 물리치는 효력을 갖고 있기 때문이다. 그 효력은 약물의 색깔, 독성, 향기에서 비롯한다. 또한 동서남북 바다 신을 외치면서 빈다. 이 신들의 힘으로 역귀를 몰아낼 수 있다고 믿기 때문이다."

사악한 기운을 물리쳐서 온역을 치료하는 방법을 기술한 또다른 저서가 있다. 바로 『벽온방辟瘟方』이다. 역사학자들에 따르면, 『벽온방』은 세종世宗의 지시로 만든 의학서적이다. 온열로 발생한 역병을 치료하는 방법을 담고 있다.

하지만 한문으로 되어 있어 대부분의 백성들이 이해하기 어려웠다. 그래서 김안국金安國이 한글로 풀어 『언해벽온방諺解辟瘟方』을 편찬했다. 『조선왕조실록』《중종실록》 32권, 4월 1일에는 다음과 같은 기록이 등장한다.

"如《辟瘟方》, 則瘟疫之疾, 易於傳染, 人多死傷, 故在世宗朝, 重惜人命, 飜以俚語, 印頒中外, 今則稀罕, 故臣亦加諺解以刊"

"《벽온방辟瘟方》 같은 것은 온역질瘟疫疾은 전염되기 쉽고 사람이 많이들 그로 인해 죽기 때문에, 세종조에서는 생명을 중히 여기고 아끼는 뜻에서 이를 이어俚語로 번역하여 경향에 인포印頒하였는데,

지금은 희귀해졌기로 신이 또한 언해를 붙여 개간하였습니다."

광해군 4년인 1612년 12월에 함경도와 강원도 일대에 온역이 발생했다. 나라에서는 벽온방을 나누어 줌으로써 치명적인 전염병을 예방하고자 했다. 『조선왕조실록』 ≪광해군일기≫ 61권, 12월 22일에는 다음과 같은 내용이 등장한다.

"目今癘疫熾發, (非但咸鏡、江原兩道, 如京城及諸道, 已爲傳染, 處處皆然。 將來之患, 亦不止此, 不可不預爲之備。)《辟瘟方》一書, 張數不多, 工役易就, 速令校書館多數印出, 廣布中外, 以爲救急之地何如?" 傳曰: "允。"

"지금 여역이 성하게 일어나 (함경도와 강원도뿐만 아니라 도성 및 제도諸道 같은 데에도 이미 전염되어 곳곳이 다 그러합니다. 앞으로의 걱정이 또한 지금 정도에서 그치지 않을 것이니 미리 대비하지 않을 수 없습니다.) 『벽온방』이란 책은 장수가 많지 않아 만들기가 쉽습니다. 속히 교서관으로 하여금 많은 수를 인출하게 한 다음 중외에 널리 나누어 주어 위급한 사태를 구원하게 하는 것이 어떻겠습니까?"

당시 광해군은 허준에게 『신찬벽온방新纂辟瘟方』을 편찬하도록 했다. 이 책은 온역의 예방과 치료법을 저술한 저서였다. 그리고 이를 전국에 반포했다. 주된 내용은 온역의 발생 원인과 약명藥

, 치법治法, 벽법辟法, 부전염법不傳染法, 침법鍼法, 금기禁忌 등이다.

효종孝宗 4년인 1653년에 황해도에 온역이 발생했는데, 이로 인한 피해가 급증했다. 그래서 의관 안경창安景昌은 『벽온방』을 알기 쉽게 풀이한 『벽온신방辟瘟新方』을 편찬했다. 허준의 『신찬벽온방』과 그 맥락을 함께 하는 것이다.

이러한 저서들을 통해 우리는 근대 이전 우리나라의 의학 수준을 짐작할 수 있다. 당시 장티푸스의 발생 원인은 정확하게 규명되지 않았다. 많은 사람들이 전염병을 귀신 때문에 발생하는 것이라 믿었기 때문에 이를 바탕으로 치료법들을 강구했던 것이다.

3. 소빙기의 대기근과 '염병'

『조선왕조실록』에는 유난히 자주 등장하는 단어가 있다. 바로 '염병染病'이라는 단어이다. 염병은 '가장 무서운 병'을 의미하는데, 주로 장티푸스를 뜻한다. 바꾸어 생각하면, 우리나라에서 가장 무서운 전염병이 바로 장티푸스였다는 사실을 알 수 있다.

과거에는 장티푸스의 원인도 제대로 모르고, 효과적인 치료법도 없었다. 당시 많은 사람들은 이 질병에 걸리면 두꺼운 솜이불을 덮어쓰고 땀을 냈다. 이때 생긴 속담이 '염병에 땀을 못 낼 놈'이다. 염병에 걸려 앓으면서도 땀을 내지 못해 죽을 놈이라는 뜻이다.

　뿐만 아니라 이 질병은 지독한 욕을 만들기도 했다. '염병할'이라는 욕은 '염병을 앓을', 즉 '곧 죽게 될'이라는 의미를 가지고 있다. 상당히 마음에 들지 않거나 못마땅한 상태를 뜻하는 욕이다. 이 욕이 널리 확산되고 자주 사용되었다는 것은 그만큼 장티푸스에 대한 공포심이 컸다는 것을 의미한다. 현대의학이 발전하기 전 유행성 전염병에 대처하는 우리의 모습을 보여주는 또 다른 단면이라 할 수 있다.

　『조선왕조실록』≪숙종실록≫ 15권, 6월 29일에 다음과 같은 기록이 남아 있다.

> "忠淸道 洪州等十四邑蟲損禾穀。 咸鏡道 洪原等邑蟲災, 與南關一樣, 牛疫致斃, 亦至四百餘頭。 全羅道蟲災甚熾, 染病亦至六百餘名之多″

> "충청도 忠淸道 홍주 洪州 등 14읍 邑에 벌레가 화곡 禾穀을 손상 損傷시켰고, 함경도 咸鏡道 홍원 洪原 등의 고을은 충재 蟲災가 남관 南關과 마찬가지이고 우역 牛疫으로 죽은 소가 또한 4백여 마리에 이르렀으며, 전라도 全羅道는 충재가 매우 치성 熾盛하고, 염병 染病에 걸린 자가 또한 6백여 명의 많은 숫자에 이르렀다."

여기에서 염병은 장티푸스를 의미한다. 숙종 14년인 1688년

5월 2일에도 "全羅道染病死者, 殆八百餘人。(전라도 全羅道에 염병 染病으로 죽은 자가 거의 8백여 명이나 되었다)"는 기록이 존재한다. 우리는 이와 같은 기록들을 통해 당시 장티푸스 때문에 사망하는 사람들이 매우 많았던 것을 알 수 있다.

전염병은 기근이 발생했던 시기에 더욱 치명적인 영향을 미쳤다. 1670년부터 1671년까지 대기근이 발생했다. 이 시기는 소빙기였다. 전 지구적으로 추위가 만연했다.

화산 폭발은 기후 변화를 더욱 가혹화시켰다. 1739년에 러시아 북동부에 위치한 캄차카 반도의 화산이 폭발했다. 기록에 따르면, 1739년 12월부터 강풍이 불면서 혹한이 시작되었다. 1740년 2월에는 7주 이상 서리가 계속 내렸다. 이와 같은 변화는 무엇보다 작물 재배에 치명적인 영향을 미쳤다.

전 세계적으로 극심한 기근이 발생했는데, 우리나라도 예외가 아니었다. 조선 제 18대 왕인 현종 顯宗 때 대기근이 발생했다. 경술년 庚戌年과 신해년 辛亥年에 발생했기 때문에 흔히 '경신대기근 庚辛大飢饉'이라고 부른다. ≪현종개수실록≫에는 총 165개의 기근 관련 기록이 등장한다. ≪현종실록≫ 8권, 5월 22일에는 다음과 같은 기록이 나타났다.

""本府饑饉太甚, 染病大熾, 或十家、或數十家、或一村, 皆染

피테르 브뤼헐(Pieter Bruegel the Elder), ≪눈 속의 사냥꾼≫, 1565년
作. 브뤼헐의 이 그림은 눈으로 뒤덮인 산과 얼어붙은 강을 배경으로 한
다. 사냥꾼들은 개를 데리고 사냥감을 찾아다니고, 사람들은 꽁꽁 얼은
강 위에서 놀고 있다. 얼핏 보면 겨울철의 즐거움처럼 보이지만, 당시 소
빙기로 인한 사회적 위기는 매우 심각했다.

痛。 各部合六百二十五人, 而死亡者至於四十人。 日請糜粥之資, 而若干會付米豆之外, 他無下手處。 將未免立視其死, 請令該曹指揮事。 下戶曹, 請令賑恤廳稟處, 賑恤廳請依京畿飢民例, 以本廳所在大米三百石, 令本府受去分賑, 待秋除耗, 還納京倉。" 上允之。

"본부는 기근이 매우 심하고 염병이 크게 번져 혹 열 집, 혹 수십 집, 혹 온 마을이 모두 염병을 앓고 있습니다. 각부에서 앓고 있는 사람이 모두 합해 6백 25인이고, 사망한 자가 40인이나 됩니다. 날마다 죽을 끓일 곡식을 청하는데, 쌀과 콩을 약간 모아 준 외에는 달리 손을 쓸 데가 없습니다."

현종 11년인 1670년에는 해무리와 달무리처럼 기후 이상이 나타났다는 기록이 있다. 또한 ≪현종실록≫ 18권, 1월 3일에는 다음과 같이 기록되어 있다.

"平安道 理山郡上年十一月二十九日, 白虹貫日, 熙川郡同日日暈兩珥, 白虹三行橫繞, 而但不貫日。

"평안도 이산군㻾山郡에 지난해 12월 29일에 흰 무지개가 해를 꿰뚫었으며, 희천군熙川郡에서도 같은 날에 흰 무지개가 세 겹으로 해를 둘렀는데 꿰뚫지는 않았다."

낮에도 금성이 보였고, 유성과 운석이 떨어지기도 했다. 과거에는 이와 같은 현상을 불길한 징조라고 생각했다. 1670년 2월에 서울에서는 때늦은 눈과 우박이 내렸고, 5월과 6월까지 전국적으로 우박이 내렸다. 그 결과, 전국적으로 극심한 추위가 발생했다.

추위와 더불어 가뭄도 시작되었다. 당시 예조禮曹에서는 왕에게 기우제를 지낼 것을 요청했다. 그래서 그해 5월까지 총 8번의 기우제를 지냈다. 5월 말에 큰 비가 내렸지만, 이미 파종 시기를 놓쳤다. 결국 대부분의 농민들은 농사를 망치고 말았는데, 이는 식량 부족을 의미했다.

많은 사람들이 굶주렸다. 기근 때문에 사망하는 사람들의 수는 점점 증가했다. 설상가상으로 6월에는 홍수가 발생했다. 해충들이 그나마 남은 곡식을 갉아 먹었다. 통계 자료에 따르면, 경신대기근으로 사망한 사람들의 수는 무려 30~40만 명에 달한다.

그런데 이들 가운데 많은 사람들은 굶주림보다 전염병으로 사망했다. 당시 유행했던 전염병으로는 천연두와 장티푸스, 이질 등을 들 수 있다. 특히 장티푸스로 인한 피해가 가장 심각했다. 식량 부족 때문에 제대로 먹지 못했던 사람들은 고열과 설사로 고통스러워했다. 치명적인 전염병은 전국적으로 급속하게 확산되었다. 그야말로 조선 시대의 가장 끔찍했던 재난이라 할 수 있다.

기후 변화와 함께 장티푸스가 미친 영향은 이뿐만이 아닙니다. 숙종 21년인 1695년부터 4년 동안 심각한 기근이 발생했다. ≪숙종실록≫ 29권, 8월 1일의 기사를 살펴보자.

"全羅道 南原、雲峰、長水等地, 自是日連二夜霜降, 諸道皆然, 狀聞相續."

"전라도의 남원南原·운봉雲峰·장수長水 등지에, 이날로부터 연거푸 이틀밤 서리가 내렸으며 제도諸道가 모두 그러하였으니, 장문狀聞이 서로 잇따랐다."

8월에 갑자기 눈이 내려 오랫동안 저온이 지속되었다. 그 결과, 냉해冷害가 발생해 작물이 제대로 성장하지 못했다. 곡물을 제대로 수확하지 못하자 다음 해에 곡물 가격이 4~6배 이상 급등했다. 식량 부족은 더욱 심각해졌다. 전국적으로 흉년이 심해지자 많은 사람들은 경신대기근과 같은 재앙을 걱정할 수밖에 없었다.

당시 식량을 구하기 위해 많은 사람들이 서울로 몰려들었다. 숙종 22년인 1696년에 서울로 유입된 난민들은 약 1만 명에 달했다. 전국적으로 수십 만 명의 사람들이 고향을 버리고 다른 지역으로 이동했다.

여름부터는 유행성 전염병이 발생했다. 가장 치명적인 전염병은 바로 장티푸스였다. 기근으로 인한 영양실조 때문에 전염병으로 인한 사망자는 더욱 급증했다. 당시 평안도에서 장티푸스로 사망한 사람은 무려 6백 명 이상이었다. 역사학자들은 이를 '을병대기근乙丙大飢饉'이라고 부른다.

대기근은 비단 우리나라에서만 발생했던 현상은 아니었다. 가난한 화가 지망생은 도박에서 한 선박의 3등석 티켓을 얻자 갑판 위에 올라가 "나는 세상의 왕이다!"라고 외쳤다. 이 선박은 영국 잉글랜드 남동부에 위치한 항구 도시 사우샘프턴을 출발해 뉴욕으로 가는 타이타닉 호였다.

그는 이 선박을 타고 미국에 도착하면 새로운 삶이 열릴 것이라고 기대했다. 하지만 타이타닉 호는 침몰했고, 그를 비롯해 수많은 사람들은 비참한 죽음을 맞이했다. 1912년 4월 14일에 침몰한 타이타닉 호의 실화를 배경으로 한 영화 ≪타이타닉≫의 내용이다.

1845년 아일랜드에서는 심각한 기근이 발생했다. 감자 역병균 때문이다. 감자 역병균은 곰팡이병균의 하나로서 병든 씨감자를 심었을 때 생산량이 80% 이상 감소했다. 당시 대부분의 아일랜드인들은 밀은 소작료로 영국인들에게 바쳤고, 감자를 주식으로 삼았다. 척박한 환경에서도 잘 자라는 감자는 그야말로 그들에게 매우 중요한 식량이었다.

　기근과 함께 이들을 고통스럽게 했던 것은 심각한 전염병이었다. 아일랜드에서도 굶주림으로 사망한 사람보다 전염병으로 사망한 사람들의 수가 더 많았다. 이 시기에 유행했던 대표적인 전염병은 바로 장티푸스였다.

켄 마셜(Ken Marschall), ≪타이타닉 호의 침몰≫, 연대 미상. 켄 마셜은 타이타닉 전문화가이다. 수많은 잡지와 저서에서 타이타닉 호를 그려왔다.

당시 장티푸스는 비위생적인 환경에서 거주하는 사람들 사이에서 빈번하게 발생했다. 대기근 이후 식량과 일자리를 찾아 빈민들은 도시나 구빈원으로 몰려들었다. 이들 때문에 열악하고 비위생적인 환경이 발생했다. 이는 치명적인 전염병이 확산되기에 적합한 조건이었다. 당시 아일랜드에서 발생한 장티푸스 환자는 약 150만 명에 달했고, 이들 가운데 수만 명 이상이 사망했다.

이미 1740년에 발생한 기근으로 수십 만 명이 사망했다. 그래서 19세기 중반에 기근이 다시 발생하자 많은 아일랜드인들은 다른 지역으로의 이주를 선택했다. 특히 대서양을 건너 캐나다나 미국으로 이주한 사람들의 수가 아주 많았다.

아일랜드 북부 지역에 위치한 슬라이고 카운티의 가장 북쪽에는 아함리쉬 교구가 있다. 이 교구를 지배했던 팔머스턴 자작 Viscount Palmerston 은 '이주 프로젝트'를 진행했다. 당시 150여 가구가 10파운드의 정착금을 지원받고, 캐나다 퀘벡으로 이주했다. 대부분은 대기근 때문에 생계조차 유지하기 어려웠던 빈민들이었다.

대기근 이후 1848년까지 미국과 캐나다, 그리고 오스트레일리아로 매년 25만 명 이상의 아일랜드인들이 이주했다. 이 가운데 아일랜드인들이 가장 많이 이주한 곳은 뉴욕이었다. 19세기 중반 아일랜드 이민들의 수는 뉴욕 전체 인구의 약 1/4에 해당할 정도로 많았다.

하지만 이들은 유럽의 다른 지역이나 국가에서 이주한 사람들과 달랐다. 우선 가톨릭을 믿고 있었고, 영어를 제대로 구사하지도 못했다. 표면적으로는 종교적, 문화적 다양성을 인정하고 있었을지라도, 당시 미국사회의 주류는 프로테스탄트였다. 따라서 아일랜드인들은 백인 이민임에도 불구하고, 미국사회에서 차별받는 존재가 될 수밖에 없었다.

조지 캐틀린(George Catlin), ≪파이브 포인츠≫, 1827년 作. 조지 캐틀린은 미국 화가들 중 최초로 아메리카 원주민을 그린 화가이다. 그는 사람의 표정과 감정을 그려내는데 매우 뛰어난 재주를 가지고 있었다. 백인 이외의 다른 사람들에 대해 많은 관심을 가지고 있어 당시 아일랜드이민이 많이 모여 살던 파이브 포인츠를 그리기도 했다.

가난한 아일랜드 이민들은 뉴욕의 로어 맨해든에 위치한 파이브 포인츠와 같은 빈민가로 몰려들었다. 하지만 이들은 미국 사회에 위협적인 존재로 간주되었다. 대기근 이후 아일랜드에서 장티푸스나 콜레라, 이질 등의 유행성 전염병이 만연했기 때문이다. 많은 토착주의자들은 당시 뉴욕에서 발생하는 치명적인 전염병이 아일랜드 이민 때문에 발생한다고 주장했다. 굶주림을 면하기 위해 대서양을 건너 미국에 도착한 이들에게 새로운 기회는 없었다. 그들을 기다리고 있었던 것은 차별과 멸시뿐이었다.

4. '마녀 사냥'과 '반(反)이민주의'

이혼 후 유치원 교사로 일하면서 아들과 함께 사는 남성이 있었다. 친구의 딸을 잘 챙겨주려 했지만, 그로부터 많은 관심을 받고 싶었던 아이는 그만 거짓말을 하고 말았다. 그에게 성추행을 당했다고 한 것이다.

아이의 말만 진실로 믿는 유치원 원장은 그를 해고했다. 졸지에 성추행범이 된 그는 동네 사람들로부터 비난을 받고, 친구와 연인의 신뢰도 잃게 되었다. 거짓말을 한 아이는 본인이 한 말이 거짓말인지 진실인지 구분하지 못했다. 경찰 조사에서 아이들의 증언이 일치하지 않는다는 사실이 밝혀졌지만, 많은 사람들은 여전히 그를 성추행범이라고 생각한다. 2013년에 개봉한 영화 ≪더 헌트≫의 내용이다.

특정 사람에게 죄를 뒤집어 씌우고, 이를 마치 진실인 것처럼 몰아가는 것을 '마녀사냥'이라고 한다. 인류 역사 속에서 마녀사냥이 절정에 달했던 시기는 16~17세기였다. 당시 마녀는 '기독교 신앙을 저버리고, 악마와 계약을 맺어 악마를 섬기는 자'를 의미했다. 역사학자들에 따르면, 이 시기에 유럽에서 마녀로 고발당한 사람은 약 10만 명에 달했고, 이 가운데 4만 명 이상이 사망했다.

프랑스와 영국은 1337년부터 1453년까지 백 년이 넘게 전쟁을 벌였다. 역사학자들은 이 전쟁을 '백년전쟁'이라고 부른다. 전쟁의 원인은 프랑스 왕위 계승권이었다. 프랑스 왕 필리프 4세 Philippe IV의 딸 이자벨 Isabel은 잉글랜드의 플랜태저넷 왕가로 시집갔다. 그녀는 유약한 남편 대신 아들을 왕으로 세웠다. 바로 에드워드 3세 Edward III이다.

당시 프랑스를 지배했던 왕은 샤를 4세 Charles IV였다. 필리프 4서의 셋째 아들이었는데, 아들이 없었다. 그의 형제들 모두 아들을 얻지 못한 채 사망했다. 여성에게는 왕위 계승권이 없었기 때문에 카페 왕조의 직계는 여기에서 끝났다. 대신 필리프 4세의 조카인 발루아의 필리프 6세 Philippe VI가 왕이 되었다. 그런데 이 과정에서 에드워드 3세가 반발했다. 이와 더불어 오랫동안 분쟁 거리였던 프랑스 내 잉글랜드 소유의 영토 문제가 다시 뜨거운 감자로 부상하면서 전쟁과 휴전을 거듭했다.

샤를 6세 Charles VI가 정신병을 얻게 되자 프랑스의 권력은 두 파로 나뉘었다. 오를레앙 공작 루이 1세 드 발루아 Louis Ier d'Orléans와 부르고뉴 공작 필리프 2세 Philippe II였다. 왕이 사망하자 오를레앙 공작은 샤를 Charles 왕세자와 결탁했고, 이를 반대했던 부르고뉴 공작은 잉글랜드와 동맹을 결성했다. 그 결과, 프랑스와 잉글랜드 사이에 다시 전쟁이 시작되었다.

프랑스 북동쪽에 위치한 동레미라퓌셀에서 한 소녀가 태어났다. 16살이 된 소녀는 천사의 계시를 들었다. 샤를 왕세자를 도와 잉글랜드와 부르고뉴를 몰아내고, 프랑스를 구하라는 것이었다. 바로 잔 다르크 Jeanne d' Arc이다.

그녀는 자신이 받은 계시를 실천하기 위해 마을을 떠났다. 그리고 왕세자를 만나러 갔다. 그녀의 이야기를 들은 샤를 왕세자는 낡은 옷을 입고 신하들 사이에 서 있었다. 하지만 잔 다르크는 왕세자 앞으로 가 무릎을 꿇었다. 그리고 천사의 계시를 받아 잉글랜드를 무찌르고, 그가 왕으로 즉위할 수 있도록 돕겠다고 했다.

당시 샤를 왕세자의 입지는 상당히 위태로웠다. 샤를 6세의 아들이 아니라는 출생의 문제 때문에 그는 의욕을 상실한 채 도피해 있었다. 파리 고등법원과 대학도 그의 왕위 계승권을 부정했다. 그의 어머니조차 부르고뉴와 평화조약을 체결하고, 그를 왕위 계승권에서 제외시켰다. 이러한 그를 절망으로부터 구한 것은 바로 잔 다르크였다.

오랜 전쟁으로 지친 프랑스군과 잉글랜드군의 횡포로 지친 백성들을 구하기 위해 온 어린 소녀는 엄청난 환영을 받았다. 사람들은 그녀의 애국심에 감동했다. 그녀 덕분에 프랑스군의 사기는 더욱 높아졌다. 어느새 그녀는 프랑스군 내에서 승리의 여신이 되었다. 그녀는 직접 전투를 지휘했고, 기적 같은 승리를 이루었다. 그리고 샤를 왕세자는 샤를 7세 Charles VII로 즉위했다.

하지만 잔 다르크의 인기가 높아질수록 그녀를 시기하는 사람들도 많아졌다. 잉글랜드군이 다시 공격했을 때 그녀는 결국 전쟁에서 패배했다. 그녀는 잉글랜드와 동맹을 맺은 브루고뉴 군에 포로로 잡혔다. 이들은 잔 다르크를 잉글랜드 군대에 팔아넘겼다. 잉글랜드는 샤를 7세에게 엄청난 몸값을 요구했지만, 샤를 7세는 아무런 반응도 하지 않았다.

잉글랜드와 브르고뉴는 7번의 재판을 열었다. 그리고 잔 다르크에서 마녀와 이교도, 우상숭배라는 죄를 뒤집어씌웠다. 당시 사람들은 사제를 거치지 않고서는 신의 계시를 받을 수 없다고 믿었다. 그들에 따르면, 천사의 계시를 받았다고 주장하는 그녀는 이단이었다. 결국 그녀는 루앙 과장에서 화형에 처해졌다. 그때 그녀의 나이는 19세였다.

마녀사냥는 대서양 건너편에서도 발생했다. 1692년 매사추세츠 주 세일럼 빌리지Salem Village에서 끔찍한 사건이 나타났다. 당시 미국은 영국의 아메리카 식민지였다. 새로 부임한 목사 새뮤얼 패리스Samuel Parris의 딸 베티 패리스Betty Parris와 조카 애비게일 윌리엄스Abigail Williams가 이상 행동과 발작을 보였다. 그리고 이는 곧 다른 소녀들 사이에서도 나타났다. 소녀들을 치료하던 의사는 이와 같은 증상이 호전되지 않자 마녀 때문에 발생한 증상이라고 진단했다.

마을 사람들은 마녀의 정체를 밝히기 위해 최초로 이상 증세를 보였던 두 소녀를 추궁했다. 결국 추궁에 이기지 못한 두 소녀는 당시 목사관 하녀 티투바Tituba를 마녀라고 지목했다. 남아메리카 출신으로 추정되는 노예였던 그녀는 소녀들에게 아프리카의 부두에 대해 이야기했다.

부두는 아이티에 만연했던 애니미즘적 민간신앙을 의미한다. 당시 아이티에는 아프리카 서부에서 노예로 강제 이주한 흑인들이 많았다. 그 결과, 이들 사이에서 행해지는 주술이나 관습이 카리브제도 원주민의 독특한 습관과 결합되었다.

부두의 중심은 '로아'이다. 이는 정령精靈과 사령死靈에 대한 숭배를 의미한다. 그밖에 농경의례나 통과의례등이 있으며, 주술도 있다. 주로 아프리카 신에 대한 로아가 많았고, 밤에 특별한 성소에서 의식을 치렀다. 살아 있는 동물을 제물로 바치는 경우

헤르만 안톤 스타이크(Hermann Anton Stike), ≪화형에 처해진 잔 다르크≫, 1843년 作. 헤르만 안톤 스타이크는 독일 화가로서 프레스코화로 "최후의 심판"을 그렸다. 프레스코화란 회반죽 벽에 그려지는 벽화기법인데, 인류 회화사에서 가장 오래된 그림의 기술 혹은 형태로 알려져 있다. 스타이크는 잔다르크 이야기에 관심이 많아 천사로부터 계시를 받는 장면이나 화형을 당하는 장면을 그림으로 그렸다.

도 있었다.

많은 사람들에게 로아는 상당한 공포감을 가져다 주었다. 의식을 치를 때 사용하는 북이나 춤은 사람들을 몽환 상태에 빠지게 만들기도 했다.

여러 날에 걸친 조사 끝에 결국 티투바는 자신이 두 소녀를 저주했다고 시인했다. 그리고 그녀들이 공범이라고 진술했다. 이후 마녀로 지목되는 소녀와 여성의 수가 증가하기 시작했다.

세일럼 빌리지에서는 마녀에 대한 재판이 시작되었다. 마을에서는 즉각 재판이 열렸고, 선술집 주인인 브리짓 비숍 Bridget Bishop을 사형시켰다. 이후 한 달이 채 지나지 않아 5명의 여성들이 교수형에 처해졌다.

하지만 세일럼 빌리지의 집단 히스테리는 계속 급증했다. 수많은 목격자들은 환상이나 망령을 보았다고 증언했다. 이는 객관적으로 입증할 수 없었기 때문에 상당히 위험했다. 1629년 가을까지 사형된 사람은 20명 이상이었다. 감옥에 갇힌 사람은 무려 1백 명 이상이었다.

투옥된 사람들 가운데는 마을에서 존경받는 사람들도 포함되어 있었다. 그리고 세일럼 빌리지의 집단 히스테리는 다른 지역으로까지 확대될 기미를 보였다. 결국 식민지 총독은 마녀사냥을 중지시켰고, 사람들은 모두 석방되었다.

세일럼 빌리지의 마녀사냥을 둘러싸고, 역사학자들은 여러 가지 관점에서 해석했다. 실제로 사탄과 관련된 마녀들이 존재했다고 주장하는 사람들도 있었다. 하지만 이들의 주장은 이내 설득력을 잃었다.

이후 일부 역사학자들은 엄격한 청교주의의 때문에 정서적으로 불안해진 소녀들이 거짓말을 했다고 주장했다. 지나친 종교적 신념 때문에 이와 같은 비극적인 사건이 발생했다는 것이다. 또 다른 역사학자들은 식민지 시대의 청교도 사회 내부에서 발생한 혼란을 통제하기 위한 방식이 바로 마녀사냥이었다고 주장한다.

이와 같은 해석에 '여성'이라는 관점을 덧붙여 해석하는 역사학자들도 있다. 이들은 17세기 초 식민지 사회에서 마녀로 지목된 사람들에 주목할 필요가 있다고 강조했다. 성공한 사업가 여성이나 여성 상속자, 미망인, 혹은 독신녀 등 경제적으로 부유하고 권력을 가진 여성들이었기 때문이다.

뉴잉글랜드 지역에서는 경제력을 가진 여성이 많은 남성들의 경계 대상이 되었다. 그리고 이들에 대한 불만이 결국 마녀사냥으로 분출되었다는 것이다. 이러한 점에서 살펴본다면, 마녀사냥은 여성에 대한 억압이자 차별이 극대화된 사건이라 볼 수 있다.

그렇다면, 20세기 초 미국에서 가장 위험한 여성은 누구였을까. 바로 메리 맬런Mary Mallon이다. 그녀는 1884년 미국으로 이주한 아일랜드 이민이었다. 1900년~1907년까지 뉴욕 주 웨스

터체스터 카운티에 위치한 매머로넥의 한 식당에서 요리사로 일했다. 하지만 그녀가 일한 지 2주쯤 후 마을 주민들이 장티푸스에 걸렸다. 많은 사람들이 발열과 복통, 설사 등의 증상을 보였다.

장티푸스균이 발견된 것은 1898년이다. 영국 세균학자 알모스 라이트Almroth Edward Wright가 장티푸스 환자 및 보균자의 소변과 대변에서 병원균을 발견했다. 그는 식사 전 혹은 화장실을 다녀온 후 손을 깨끗이 씻기만 해도 장티푸스를 예방할 수 있다고 주장했다.

문제는 메리가 무증상 보균자였다는 사실이었다. 1901년 그녀는 맨해튼의 한 가정집에서 요리사로 일했다. 하지만 메리가 만든 음식을 먹은 가족들은 다시 장티푸스 증상을 보였다. 심지어 그 집에서 일했던 세탁부는 사망했다. 이 사건은 무증상 보균자에 의해 감염된 환자가 사망한 첫 사례였다.

1906년 그녀는 롱아일랜드

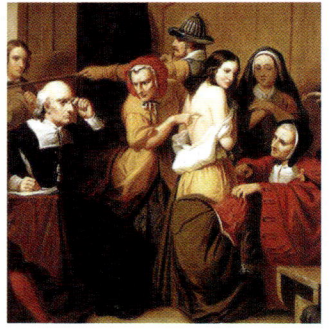

탐킨스 매트슨(Thompkins H. Matteson), 《마녀 검증》, 1853년 作. 탐킨스 매트슨은 역사와 종교를 주제로 그렸던 미국 화가이다. 마녀 검증에서 중앙에 옷을 벗고 서 있는 여성은 마녀로 지목되었다. 그래서 자신이 마녀가 아님을 증명하기 위해 많은 사람들 앞에서 치욕스러운 모습으로 서 있다.

서북쪽에 위치한 오이스터 베이의 가정집에서 다시 요리사로 일했다. 하지만 가족 11명 가운데 10명이 장티푸스로 병원에 입원하게 되었다.

이와 같은 상황에서 뉴욕 시 보건국은 그녀가 이동할 때마다 장티푸스가 발생한다는 사실을 알게 되었다. 그래서 그녀를 끈질기게 추적하기 시작했다. 1907년 3월 19일, 결국 메리는 체포되었다. 그러나 자신에게는 아무런 증상이 나타나지 않았기 때문에 장티푸스 검사를 위해 소변과 대변, 혈액 채취를 강요받자 이에 저항하면서 도망쳤다.

결국 다시 체포된 그녀는 강제로 검사를 받을 수밖에 없었다. 검사 결과는 당시 미국사회를 깜짝 놀라게 했다. 그녀의 담낭에 장티푸스를 유발하는 티푸스균이 있었기 때문이다. 심지어 그녀가 요리할 때 손조차 제대로 씻지 않는다는 사실이 밝혀졌다.

메리는 1910년까지 3년 동안 강제로 격리 조치를 받았다. 그리그 다시는 요리사가 되지 않기로 약속하고 풀려났다. 이 사건으로 그녀는 '미국에서 가장 위험한 여자'나 '인간 장티푸스'등 악의적인 별명을 얻었다. 그래서 메리 브라운Mary Brown으로 개명하고, 세탁부로 일했다.

하지만 세탁부 일은 고되고, 돈도 많이 벌지 못했다. 결국 그녀는 보건국의 감시를 피해 다시 요리사로 일하기 시작했다. 얼마 후 뉴욕의 산부인과에서 신생아들이 장티푸스에 걸리는 사건이 다시 발생했다. 장티푸스 보균자인 그녀의 요리를 먹은 사람은 모두 장티푸스에 걸린 것이다.

조지 소퍼George Soper는 뉴욕시 보건국의 의사였다. 그는 메리의 이동 경로를 추적했고, 마침내 산부인과에서 요리사로 일했던 그녀를 발견했다. 당시 뉴욕 시보건국에서는 메리가 요리사라는 직업을 그만둔다면 별다른 조치를 취하지 않겠다고 했다.

그러나 그녀는 이와 같은 제안을 거부했다. 그녀는 자신이 장티푸스 보균자임을 인정하지 않았기 때문이다. 자신에게는 그와 같은 치명적인 전염병 증상이 나타나지 않았던 것이다. 결국 그녀는 23년 동안이나 수용소에 격리되었다.

'장티푸스 메리'사건은 당시 미국사회에 위생과 공중보건이 얼마나 중요한지 경각심을 일깨우는 사건이었다. 하지만 이와 더불어 이 시기 미국사회에서 아일랜드 이민, 그리고 여성에 대한 차별이 얼마나 심각했는지 잘 보여주는 현상이기도 했다.

메리는 무증상 보균자였기 때문에 평생 수용소에 격리되어야 할 이유가 없었다. 사실, 다른 무증상 보균자들 가운데 메리처럼 격리된 사람은 없었다. 그래서 일부 역사학자들은 이는 메리가 아일랜드 이민 여성이었기 때문에 가해진 차별이었다고 주장한다.

미국사회에서 18세기 말부터 반反이민주의가 등장했다. 프랑스 혁명으로 발생한 난민이나 잉글랜드로부터의 독립을 주장하는 아일랜드 난민들이 미국으로 이주하자, 이들에 대한 반발과 적대심이 급증했다.

이미 1789년에 "외국인 규제법 및 선동 방지법 Alien and Sedition Act"이 제정되었다. 이 법에 따라 외국인의 미국 시민권 취득에 필요한 기간을 기존 5년에서 14년으로 늘리고, 급진적 사상을 지닌 외국인은 감옥에 가두거나 추방할 수 있도록 했다. 1845년 대기근으로 발생했던 대량의 아일랜드 이민은 이와 같은 반(反)이민주의를 더욱 가속화시켰다.

이러한 반(反)이민주의는 근본적으로 토착주의를 배경으로 삼고 있다. 역사학자들에 따르면, 토착주의란 "기존의 민족 공동체가 가지고 있는 인종적 혹은 문화적 정체성을 그대로 유지하고자 하는 신념"을 의미한다.

19세기 미국사회는 앵글로-색슨족의 인종적, 문화적, 종교적 우월성을 전제로 하고 있었다. 그러므로 이들에게 가톨릭을 믿거나, 백인이 아니거나, 영어를 제대로 말하지 못하는 이민들은 미국사회에 부적합한 사람들이었다. 이러한 점에서 아일랜드 이민은 바람직하지 않은 존재였다.

유럽의 다른 지역에서 이주한 이민들과 비교했을 때 이들은 더욱 가난했고, 특별한 기술도 없었다. 그래서 대부분의 아일랜드 이민들은 많은 미국인들이 꺼리는 일에 종사할 수밖에 없었다. 대표적으로 굴뚝 청소부나 세탁부, 요리사 등을 들 수 있다.

이들이 미국사회에서 환영받지 못한 또 다른 이유는 가톨릭을 믿었기 때문이다. 미국 연방헌법 수정조항 제 1조에서는 "연방의회는 국교를 정하거나 또는 자유로운 신교행위를 금지하는 법률을 제정할 수 없다. 또한 언론, 출판의 자유나 국민이 평화로이 집회할 수 있는 권리 및 불만사항의 교제를 위하여 정부에게 청원할 수 있는 권리를 제한하는 법률을 제정할 수 없다"고 명시하고 있다.

하지만 미국사회는 기본적으로 프로테스탄트 사회였다. 그들은 자신들의 조상이 영국 국교회의 탄압을 피해 종교적 자유와 경제적 기회를 찾아 아메리카로 이주했다고 믿고 있었다. 그리고 식민지 시대 동안 이들은 엄격한 종교 공동체를 형성했다. 종교 공동체에서 추구하는 사회적 가치에 반하는 사람들은 차별받거나 추방되었다. 마치 세일럼 빌리지에서 발생했던 마녀사냥처럼 말이다.

오랫동안 아일랜드 이민은 위협적인 존재로 간주되었다. 1830년대 뉴욕에서 치명적인 콜레라가 발생했을 때 당시 전체 사망자 수는 약 3천 5백 명 이상이었다. 이 가운데 40% 이상이 아일랜드 이민이었다. 이와 같은 사실을 둘러싸고 많은 토착주의자들은 열등한 아일랜드 이민들 때문에 전염병이 발생했다고 주장했다.

그리고 메리 맬런의 사건은 이와 같은 시각을 더욱 확고하게 만드는 계기였다. 수많은 미국인들에게 아일랜드 이민을 비롯해 대다수의 이민은 "질병을 운반하는 존재disease carrier"였다. 그리고 미국사회에 적합하지 않은 존재였다.

1845년에 발생했던 대기근 이후 뉴욕을 비롯해 미국의 여러 도시들로 이주하는 아일랜드 이민의 수가 급증했다. 이와 더불어 이들에 대한 토착주의자들의 적대적인 시각과 담론 역시 급속하게 확산되기 시작했다. 치명적인 전염병이 발생하면 많은 사람들은 아일랜드 이민부터 비난하고 공격하기 시작했다.

이와 같은 차별과 비난 가운데 가장 대표적인 사건은 바로 '장티푸스 메리Typhoid Mary'였다. 이민이고 여성이라는 점. 이것이 20세기 초 그녀가 미국에서 '가장 위험한 여성'으로 간주되었고, 때로는 '마녀'라고까지 불렸던 이유였다.

20세기 이후 가장 급격하게 발전한 분야 가운데 하나는 바로 의학이다. 19세기 말까지 전쟁에서 전투로 사망하는 군인보다 전염병으로 사망하는 군인의 수가 훨씬 더 많았다. 1854년에 발발한 크림전쟁에서 이질로 사망한 영국군 사망자 수는 전투로 사망한 군인의 10배였다. 하지만 1905년에 발발한 러일전쟁에서 일본군 사망자 수는 전사자의 4/1이 채 되지 않는다. 체계적인 예방접종과 위생 관리 덕분이었다. 일본군의 조치는 그야말로 전례 없는 것이었다.

오랫동안 인류 역사는 전염병으로부터 많은 영향을 받았다. 인류 역사상 가장 치명적인 전염병은 1347년~1351년까지 유럽에서 발생했던 흑사병이었다. 정확한 통계는 알 수 없지만, 많은 역사학자들은 약 7천 5백 만 명이 흑사병으로 사망한 것으로 추정하고 있다. 당시 유럽 인구의 1/3이었다. 급속한 인구 감소는 유럽 사회에 정치적, 경제적 변화를 초래했다.

아프로-유라시아에서 만연했던 천연두는 이 전염병에 대해 면역력이 거의 없었던 아메리카 제국을 몰락시켰다. 15세기 말,

콜럼버스 일행이 아메리카에 도착한 이후 한 세기가 채 지나지 않아 아메리카 원주민의 90% 이상이 절멸했다. 아프로-유라시아에서 이동했던 천연두와 홍역 때문이었다.

유행성 전염병은 특정 민족에 대한 반감을 더욱 확산시켰다. 14세기에 유행했던 흑사병이나 19세기의 콜레라, 20세기의 장티푸스가 그러했다. 치명적인 유행성 전염병이 확산되자 많은 사람들은 희생양을 만들어냈다. 대부분 법적, 정치적, 경제적으로 보호받지 못하는 사람들이었다. 극단적인 마녀사냥을 통해 수많은 사람들이 전염병이 만들어낸 사회적 공포의 희생양이 되었다.

한편으로는 전염병을 치료할 수 있는 효과적인 방법을 모색하기도 했다. 수많은 실험들과 '마법의 탄환'이 바로 그것이다. 과학기술과 의학이 발전함에 따라 사람들은 점차 유행성 전염병을 통제할 수 있다고 믿기 시작했다. 그리고 20세기 이후 그러한 믿음은 절정에 달했다.

하지만 오늘날 우리는 새로운 공포에 직면해 있다. 바이러스의 변이로 새로운 유형의 전염병이 발생하면서 전 세계는 그야말로 혼란에 빠져 있다. 사람들을 가장 두렵게 하는 것은 이 전염병의 치료법이 아직 개발되지 않았다는 사실이다.

인류 역사 속에서 원인을 알 수 없는 치명적인 유행성 전염병은 반복적으로 발생했다. 적절한 치료법을 알지 못해 수많은 사람들이 사망했고, 전염병이 미치는 영향은 결국 국가나 제국의 몰락으로까지 이어졌다.

과거에 무슨 일이 있었는지 제대로 아는 것은 미래에 어떤 일이 발생할 수 있을지 예측하는데 도움이 된다. 인류 역사 속에서 유행성 전염병이 어떤 역할을 해 왔는지 이 책을 통해 훑어본다면, 인류가 이 작은 미생물 또는 바이러스에 얼마나 취약한지 알 수 있다. 뿐만 아니라 인류 역사는 전염병과 함께 해 온 역사이다. 이는 앞으로도 크게 변하지 않을 것이다. 유행성 전염병은 어떤 형태로든 인류 역사에 근본적인 영향을 미치는 중요한 요인이 될 것이다. 이를 위해 우리는 지난 수 천 년 동안 인류와 전염병의 관계를 제대로 파악할 필요가 있다.

명화로 읽는 전염병의 세계사

| 발행 | 2020년 5월 30일 초판 |
| | 2020년 9월 30일 초판 2쇄 |

기획	권호
저자	김서형(리언)
디자인	현유주
발행인	권호
발행처	뮤즈(MUSE)
출판등록	국립중앙도서관
연락처	muse@socialvalue.kr
홈페이지	http://www.뮤즈.net

ISBN 979-11-967670-6-8 03300
값 15,000원

이 도서의 국립중앙도서관 출판예정도서목록(CIP)은 서지정보유
통지원시스템 홈페이지(http://seoji.nl.go.kr)와 국가자료종합목
록 구축시스템(http://kolis-net.nl.go.kr)에서 이용하실 수 있습
니다. (CIP제어번호 : CIP2020019947)

 한국사회적기업진흥원 | 사회적기업가 육성사업
Korea Social Enterprise Promotion Agency